# 新目标汉语 3
## 口语课本

### New Target Chinese Spoken Language

主编　毛　悦
编著　张媛媛
　　　李　燕
　　　郑家平
　　　王　艳

北京语言大学出版社
BEIJING LANGUAGE AND CULTURE
UNIVERSITY PRESS

© 2013 北京语言大学出版社，社图号 13279

图书在版编目（CIP）数据

新目标汉语口语课本. 3/毛悦主编. —北京：北京语言大学出版社，2013.12（2023.10重印）
ISBN 978-7-5619-3691-7

Ⅰ.①新… Ⅱ.①毛… Ⅲ.①汉语－口语－对外汉语教学－教材 Ⅳ.①H195.4

中国版本图书馆 CIP 数据核字（2013）第 260534 号

## 新目标汉语口语课本 3
### XIN MUBIAO HANYU KOUYU KEBEN 3

| 排版制作： | 北京鑫联必升文化发展有限公司 |
| --- | --- |
| 插图绘制： | 孙 屹 |
| 责任印制： | 邝 天 |

| 出版发行： | 北京语言大学出版社 |
| --- | --- |
| 社　　址： | 北京市海淀区学院路 15 号，100083 |
| 网　　址： | www.blcup.com |
| 电子信箱： | service@blcup.com |
| 电　　话： | 编辑部　　8610-82303647/3592/3395 |
| | 国内发行　8610-82303650/3591/3648 |
| | 海外发行　8610-82303365/3080/3668 |
| | 北语书店　8610-82303653 |
| | 网购咨询　8610-82303908 |
| 印　　刷： | 北京博海升彩色印刷有限公司 |
| 版　　次： | 2013 年 12 月第 1 版　　印　次：2023 年 10 月第 7 次印刷 |
| 开　　本： | 889 毫米 × 1194 毫米　1/16　印　张：13 |
| 字　　数： | 320 千字 |
| 定　　价： | 92.00 元 |

**PRINTED IN CHINA**

凡有印装质量问题，本社负责调换。QQ：1367565611，电话：010-82303590

# 目录 CONTENTS

| | |
|---|---|
| 编写说明　A Guide to the Use of This Book | i |
| 导读　Readers' Guide | v |
| 词类简称表　Abbreviations | viii |
| 人物介绍　Introduction to the Characters | ix |

| 任务目标<br>Instructional Objectives | 重点词语<br>Key Words | 重点语句<br>Key Sentences | 语法点<br>Grammar Points |
|---|---|---|---|
| **第一单元　谈人物特征　Unit 1　Talking about the Characteristics of a Person　1** | | | |
| 能正确描述或谈论人物特征，能综合介绍人物特点，包括外表、性格、爱好、特长等信息<br>Students can use appropriate expressions to describe or talk about the characteristics of a person, including his/her appearance, personality, hobbies, things he/she is skilled in and other aspects. | 性格、腼腆、<br>xìnggé、miǎntiǎn、<br>文静、活泼、<br>wénjìng、huópō、<br>开朗、身材、<br>kāilǎng、shēncái、<br>苗条、胡子、眼镜<br>miáotiao、húzi、yǎnjìng | 1. 她长什么样？<br>Tā zhǎng shénme yàng?<br>2. 她很苗条，只是个子不太高。<br>Tā hěn miáotiao, zhǐshì gèzi bú tài gāo.<br>3. 她有多高？<br>Tā yǒu duō gāo?<br>4. 我觉得中国女孩儿大都既文静又腼腆。<br>Wǒ juéde Zhōngguó nǚháir dàdōu jì wénjìng yòu miǎntiǎn. | 1. 转折复句：……，只是……<br>Transitional compound sentence：……，只是……<br>2. 并列复句：既……又……<br>Coordinate compound sentence：既……又……<br>3. 形容词重叠做定语<br>Reduplication of an adjective used as an attributive |
| **第二单元　谈家乡　Unit 2　Talking about Hometown　17** | | | |
| 能听懂别人对城市的简单介绍；能对自己的家乡或一个城市进行简单的介绍<br>Students can understand other people's brief introduction of a city and make a brief introduction of their hometown or a city. | 家乡、城市、<br>jiāxiāng、chéngshì、<br>郊区、农村、<br>jiāoqū、nóngcūn、<br>小镇、现代化、<br>xiǎozhèn、xiàndàihuà、<br>商业中心、<br>shāngyè zhōngxīn、<br>胡同、窄<br>hútòng、zhǎi | 1. 我来给你介绍介绍……<br>Wǒ lái gěi nǐ jièshào jièshào……<br>2. 这条胡同真够窄的！<br>Zhè tiáo hútòng zhēn gòu zhǎi de!<br>3. 你别看它窄，里面的故事可多着呢。<br>Nǐ bié kàn tā zhǎi, lǐmian de gùshi kě duō zhene.<br>4. 俗话说：远亲不如近邻，住在胡同里的人们就像一家人一样。<br>Súhuà shuō: yuǎnqīn bùrú jìnlín, zhù zài hútòng li de rénmen jiù xiàng yì jiā rén yíyàng.<br>5. 故宫是北京的名胜古迹之一，非常有名。<br>Gùgōng shì Běijīng de míngshèng gǔjì zhī yī, fēicháng yǒumíng.<br>6. 看来北京是个既现代又古老的城市。<br>Kànlái Běijīng shì ge jì xiàndài yòu gǔlǎo de chéngshì. | 1. 动词重叠<br>Reduplication of a verb<br>2. 够……的<br>The structure 够……的<br>3. 别看……，……可……<br>The structure 别看……，……可…… |

# New Target Chinese Spoken Language (3)

| 任务目标<br>Instructional Objectives | 重点词语<br>Key Words | 重点语句<br>Key Sentences | 语法点<br>Grammar Points |
|---|---|---|---|

## 第三单元　谈生活习惯　Unit 3　Talking about Lifestyle　33

| | | | |
|---|---|---|---|
| 能就自己或别人的生活习惯进行问答和讨论<br>Students can ask questions and answer them and talk about their or others' lifestyle. | 习惯、夜猫子、<br>xíguàn、yèmāozi、<br>能够、按时、<br>nénggòu、ànshí、<br>一日三餐、规律、<br>yí rì sān cān、guīlǜ、<br>加班、简直、<br>jiā bān、jiǎnzhí、<br>只好<br>zhǐhǎo | 1. 就拿作息时间来说，以前，我早上8点起床，晚上经常加班或陪客户，一般12点半左右才睡觉。<br>Jiù ná zuòxī shíjiān lái shuō, yǐqián, wǒ zǎoshang bā diǎn qǐ chuáng, wǎnshang jīngcháng jiā bān huò péi kèhù, yìbān shí'èr diǎn bàn zuǒyòu cái shuì jiào.<br>2. 因为8点要上课，所以我每天6点半就要起床。<br>Yīnwèi bā diǎn yào shàng kè, suǒyǐ wǒ měi tiān liù diǎn bàn jiù yào qǐ chuáng.<br>3. 这对我来说简直太难了。<br>Zhè duì wǒ lái shuō jiǎnzhí tài nán le.<br>4. 为了能够按时到校，我只好11点就睡觉。<br>Wèile nénggòu ànshí dào xiào, wǒ zhǐhǎo shíyī diǎn jiù shuì jiào.<br>5. 慢慢地，我习惯了早睡早起。<br>Mànmàn de, wǒ xíguànle zǎo shuì zǎo qǐ. | 1. 因果复句：因为……，所以……<br>Cause-effect compound sentence：因为……，所以……<br>2. 目的复句：为了……，……<br>Compound sentence of purpose：为了……，……<br>3. "地""得""的"的区别<br>Differences between "地"，"得" and "的" |

## 第四单元　谈住房　Unit 4　Talking about Housing　47

| | | | |
|---|---|---|---|
| 能简单说明房屋的格局和周围的环境，能简单说明某地地址<br>Students can briefly describe the layout and surroundings of a house and give the address of a place. | 房（子）、楼、<br>fáng (zi)、lóu、<br>层、房间、<br>céng、fángjiān、<br>房租、住、地址、<br>fángzū、zhù、dìzhǐ、<br>客厅、卧室、<br>kètīng、wòshì、<br>厨房、床、<br>chúfáng、chuáng、<br>冰箱<br>bīngxiāng | 1. 这套房子是上下两层的。<br>Zhè tào fángzi shì shàng xià liǎng céng de.<br>2. 楼上有三个房间。<br>Lóu shàng yǒu sān ge fángjiān.<br>3. 厨房在客厅旁边。<br>Chúfáng zài kètīng pángbiān.<br>4. 沙发、床、电视、冰箱、洗衣机……什么都有。<br>Shāfā、chuáng、diànshì、bīngxiāng、xǐyījī…… shénme dōu yǒu. | 1. 存在句<br>Sentence indicating existence<br>2. "的"字短语<br>The "的" phrase<br>3. 什么（＋名词）都……<br>The structure 什么（＋noun）都…… |

| 任务目标<br>Instructional Objectives | 重点词语<br>Key Words | 重点语句<br>Key Sentences | 语法点<br>Grammar Points |
|---|---|---|---|

## 第五单元　谈考试　Unit 5　Talking about an Examination　69

| | | | |
|---|---|---|---|
| 能问答关于考试的基本情况，能听懂并描述自己或他人考试期间的心情<br>Students can ask questions and answer them about the basic information of an examination; they can also understand the description of one's feelings and describe their own feelings during an exam. | 翻译、复习、准备、<br>fānyì、fùxí、zhǔnbèi、<br>熬夜、有把握、担心、<br>áoyè、yǒu bǎwò、dānxīn、<br>紧张、害怕、脸色、<br>jǐnzhāng、hàipà、liǎnsè、<br>哪怕、可不、据说<br>nǎpà、kěbù、jùshuō | 1. 连回家的时间都没有。<br>Lián huí jiā de shíjiān dōu méiyǒu.<br>2. 据说这几年考翻译的人越来越多，考试也越来越难。<br>Jùshuō zhè jǐ nián kǎo fānyì de rén yuè lái yuè duō, kǎoshì yě yuè lái yuè nán.<br>3. 报纸上说今年参加考试的人数是去年的三倍。<br>Bàozhǐ shang shuō jīnnián cānjiā kǎoshì de rénshù shì qùnián de sān bèi!<br>4. 复习是复习了，不过自己不太有把握。<br>Fùxí shì fùxí le, búguò zìjǐ bú tài yǒu bǎwò.<br>5. 哪怕不睡觉我也要复习完。<br>Nǎpà bú shuì jiào wǒ yě yào fùxí wán. | 1. 连……也/都……<br>The structure 连……也/都……<br>2. ……是……，不过……<br>The structure ……是……，不过……<br>3. 让步复句：哪怕……也……<br>Concession compound sentence：哪怕……也…… |

## 第六单元　谈购物　Unit 6　Talking about Shopping　83

| | | | |
|---|---|---|---|
| 能询问和描述购物场所和购物经历<br>Students can ask about and describe appropriate shopping destinations and experiences for a range of products. | 购物、东西、<br>gòuwù、dōngxi、<br>商场、市场、<br>shāngchǎng、shìchǎng、<br>顾客、款式、价格、<br>gùkè、kuǎnshì、jiàgé、<br>价钱、牌子、名牌、<br>jiàqian、páizi、míngpái<br>购物网站<br>gòuwù wǎngzhàn | 1. 买衣服、鞋什么的，应该去哪儿啊？<br>Mǎi yīfu、xié shénmede, yīnggāi qù nǎr a?<br>2. (去服装市场) 虽然东西便宜得多，但是质量可能不如商场的好。<br>(Qù fúzhuāng shìchǎng) Suīrán dōngxi piányi de duō, dànshì zhìliàng kěnéng bùrú shāngchǎng de hǎo.<br>3. 星期天你陪我逛雅秀市场，怎么样？<br>Xīngqītiān nǐ péi wǒ guàng Yǎxiù shìchǎng, zěnmeyàng? | 1. 转折复句：虽然……，但是……<br>Transitional compound sentence：虽然……，但是……<br>2. "不如" 表示比较<br>"不如" indicating comparison<br>3. 用"好吗""怎么样""行吗"的疑问句<br>Interrogative sentence using "好吗"，"怎么样" and "行吗" |

## 第七单元　谈假日经历　Unit 7　Talking about Experiences on a Day off　101

| | | | |
|---|---|---|---|
| 能描述在某段时间所从事的活动以及自己的感觉和印象<br>Students can describe the activities they participate in during a period of time and their feelings and impressions of them. | 假期、感受、快乐、<br>jiàqī、gǎnshòu、kuàilè、<br>有意思、有意义、<br>yǒu yìsi、yǒu yìyì、<br>难忘、逛街、<br>nánwàng、guàng jiē、<br>聊天儿、睡懒觉、<br>liáo tiānr、shuì lǎn jiào、<br>来着、不但<br>láizhe、búdàn | 1. 我跟小丽一起去雅秀市场来着。<br>Wǒ gēn Xiǎolì yìqǐ qù Yǎxiù shìchǎng láizhe.<br>2. 逛街不但能买东西，还能锻炼身体。<br>Guàng jiē búdàn néng mǎi dōngxi, hái néng duànliàn shēntǐ.<br>3. 这哪是锻炼身体啊？<br>Zhè nǎ shì duànliàn shēntǐ a? | 1. 助词"来着" The particle "来着"<br>2. 递进复句：不但……，还……<br>Progressive compound sentence：不但……，还……<br>3. 反问句：哪……啊？<br>Rhetorical question：哪……啊？ |

# New Target Chinese Spoken Language (3)

| 任务目标<br>Instructional Objectives | 重点词语<br>Key Words | 重点语句<br>Key Sentences | 语法点<br>Grammar Points |
|---|---|---|---|

## 第八单元  各有所爱   Unit 8   Talking about Hobbies    121

| 能谈论不同人的不同兴趣爱好<br>Students can talk about the different interests and hobbies of different people. | 酷爱、拿手、宅、<br>kù'ài、náshǒu、zhái、<br>整天、了如指掌、<br>zhěng tiān、liǎorúzhǐzhǎng<br>恰恰相反、却、<br>qiàqià xiāngfǎn、què、<br>遍、几乎、外向、<br>biàn、jīhū、wàixiàng、<br>内向<br>nèixiàng | 1. 一到周末，他就叫上几个朋友一起去郊外登山、攀岩。<br>Yí dào zhōumò, tā jiù jiàoshang jǐ ge péngyou yìqǐ qù jiāowài dēng shān、pānyán.<br>2. 他整天就喜欢宅在家里玩儿游戏、写博客，恨不得顿顿饭都叫外卖。<br>Tā zhěngtiān jiù xǐhuan zhái zài jiālǐ wánr yóuxì、xiě bókè, hèn bu de dùndùn fàn dōu jiào wàimài.<br>3.（她）被朋友们称为"麦霸"。<br>(Tā) bèi péngyoumen chēngwéi "màibà". | 1. 一……就……<br>The structure 一……就……<br>2. 恨不得<br>The use of 恨不得<br>3. 被动句<br>Passive sentence |

## 第九单元  谈职业   Unit 9   Talking about Occupations    139

| 能问答与职业相关的问题，谈论职业名称、职业特点和职业理想的相关话题<br>Students can ask questions about occupations and answer them. They can also talk about the titles and characteristics of jobs, career aspirations and other pertinent topics | 职业、打工、赚钱、<br>zhíyè、dǎ gōng、zhuàn qián、<br>理想、业余时间、<br>lǐxiǎng、yèyú shíjiān、<br>听起来、看起来、<br>tīng qilai、kàn qilai、<br>一来……二来……、<br>yī lái……èr lái……、<br>希望<br>xīwàng | 1. 听起来真有意思。<br>Tīng qilai zhēn yǒu yìsi.<br>2. 毕业以后你打算做什么？<br>Bì yè yǐhòu nǐ dǎsuan zuò shénme?<br>3. 我想当一名外交官。<br>Wǒ xiǎng dāng yì míng wàijiāoguān.<br>4. 一来我学的专业就是国际关系，二来我太喜欢中国了，所以我希望有机会留在中国。<br>Yī lái wǒ xué de zhuānyè jiù shì guójì guānxi, èr lái wǒ tài xǐhuan Zhōngguó le, suǒyǐ wǒ xīwàng yǒu jīhuì liú zài Zhōngguó. | 1. 看起来、听起来<br>The structure 看起来、听起来<br>2. 一来……，二来……<br>The structure 一来……，二来…… |

## 第十单元  谈旅行计划   Unit 10   Talking about the Itinerary of a Trip    157

| 学会制订详细的旅行计划；能咨询旅行团，并预订一次旅行<br>Students can make a detailed itinerary; they can also get information from a travel agency and make reservations for a trip. | 推荐、线路、具体<br>tuījiàn、xiànlù、jùtǐ<br>要求、感兴趣<br>yāoqiú、gǎn xìngqù<br>比如、游览、适合<br>bǐrú、yóulǎn、shìhé<br>出发、行程<br>chūfā、xíngchéng | 1. 请您给我们推荐一条合适的线路。<br>Qǐng nín gěi wǒmen tuījiàn yì tiáo héshì de xiànlù.<br>2. 您能说说具体要求吗？<br>Nín néng shuōshuo jùtǐ yāoqiú ma?<br>3. 要是你们想多看看名胜古迹的话，我认为我们新开的一条历史名城线路比较适合您。<br>Yàoshi nǐmen xiǎng duō kànkan míngshèng gǔjì dehuà, wǒ rènwéi wǒmen xīn kāi de yì tiáo lìshǐ míngchéng xiànlù bǐjiào shìhé nín. | 1. "或者"与"还是"的区别<br>Difference between "或者" and "还是"<br>2. 假设复句：如果／要是……的话，……<br>Hypothetical compound sentence：如果／要是……的话，…… |

## CONTENTS

| | |
|---|---|
| 词语总表　Vocabulary | 175 |
| 录音文本及答案　Listening Scripts and Answers | 186 |
| 全书部分名人简介<br>Brief Introduction to Some Celebrities in This Book | 188 |

# 编写说明 A Guide to the Use of This Book

## 一、编写背景

近年来,汉语教学界积极引入任务式教学法,但是,由于缺乏真正体现任务式教学理念的教材,很多所谓任务式教学,实际上依然遵循传统教学模式,只是增加了一些任务形式的练习。而任务式教学是应该贯穿于课堂教学乃至课前、课后的始终的,如果不依托真正的任务式教材,任务式教学将很难贯彻。因此,在对学生和教师进行充分的需求分析之后,我们决定编写一套真正体现任务式教学理念的汉语教材。

## 二、编写理念

本教材是一套口语系列教材,以汉语交际目标为导向,以任务为主线,结合话题、功能、文化,紧紧围绕"任务目标"进行编写。教材内容体现了任务式教学理念的基本要求,即:任务以意义为主,与现实生活的类似活动相关联,任务中包含需要通过语言交际来解决的问题,最后根据结果评估任务的执行情况。

在注重交际性的同时,本教材也充分考虑语言形式的教学,力求在有意义的语言使用过程中聚焦形式,促进学生对形式的掌握,达到形式与意义的有机统一。

## 三、教材分级

本教材分为6册,配有教师用书和多媒体资源包等。6册教材分别面向不同水平的汉语学习者,具有明确的任务和语言能力发展目标,具体如下:

(1)第一、二册面向零起点及初级汉语学习者,每册10个话题单元,话题为一般性非正式话题,或具有可预测性的、常见的日常活动和少数稍具正式性的话题。学习者在与汉语母语者交谈时,可以借助重复等交际策略,使对方理解自己想要表达的内容。任务活动形式侧重于信息差活动和表演活动,学习者通过分工协作,接受不同的听力或阅读材料,然后完成相应的信息差任务和推理差任务。通过学习,学习者能够具备就简单问题进行问答的能力,具备开始一段简单对话并延续话轮、结束对话的能力;语言具有开创性,不再依赖记忆性的词、短语和单句。

(2)第三、四册面向准中级汉语学习者,每册10个话题单元,话题大部分属非正式性的,也有一些正式话题,但这些话题是跟个人有关并能引起大众兴趣和广泛讨论的话题。这时学习者已经具备了一定的非正式话题的交际能力,因此,任务形式侧重于推理差和意念差活动,学习者通过不同的分组、模拟、表演等任务形式,能够比较、叙述并说明过去、现在、未来的时间及经验,具备处理未能预期且较为复杂的情况的能力。

（3）第五、六册面向中级汉语学习者，每册15个话题单元，大部分话题较为正式，涉及当今世界政治、经济、文化、生活、体育等方面一些大家感兴趣的内容。在这一阶段，学习者应能够串联起若干简单段落，进行较长的成段表达。任务形式延续推理差和意念差活动，并引入具有一定难度的阅读材料，引导学生通过讨论、协商完成教师布置的任务。学习者应能就给出的问题进行较为广泛充分的讨论，提出假设，表达自己支持或反对的论点。

总而言之，《新目标汉语口语课本》将以不同层次的任务目标为蓝图，配合相关语言形式，将基本语言话题由日常生活熟悉的、可预测的、非正式的话题提升至较正式的、为一般人所关心的文化、社会主题，帮助学生习得叙述、说明、解释、表达意见、讨论、比较、分析等能力。教材的内容及任务目标和语言形式的安排都是循序渐进、螺旋式循环上升的。

## 四、教材体例

本教材以任务目标划分教学单元，每个单元包含"学习目标"、"导入"、"头脑风暴"、"生词总动员"、"任务及活动"、"语法点注释"、"学习后任务"、"自我评估"、"文化小贴士"（第五、六册不含）9个部分。从引入话题入手，循序渐进，以任务为主体，涵盖生词、语言形式、交际策略、文化背景等方方面面，螺旋式上升，为学习者提供丰富真实的交际材料，供教师灵活选择。各部分内容分别介绍如下：

（1）学习目标

包括本单元话题、任务目标、重点词语、重点语句、语法点，可作为教师把握教学重点和难点的依据，也可作为学生预习或复习的标准。

（2）导入

从一个与话题相关的问题入手，配合生动的图片，引导学习者熟悉本单元将要学习的话题，让学生开动脑筋，以便进入下一环节——"头脑风暴"。

（3）头脑风暴

这一部分引入了思维导图的最新研究成果，将与本单元任务目标相关的词语分层级地呈现给学习者，帮助学习者打开思路，激活学习者的认知图式，为进入下一环节"生词总动员"做准备。由于这一环节的词语采用发散性思维方式呈现，因此并非所有词语都要求学生掌握，教师可根据需要指导学生，学生也可根据这一部分进行预习或扩展自己的词汇量。

（4）生词总动员

这一部分通过大量丰富的图片和任务式活动，帮助学习者开动脑筋，学会使用目标词语。大量活动以语言结构的形式帮助学习者使用词语，因此这一部分也起到了复习旧课、承接新课语言点的作用。通过这部分的学习，学习者能够在合适的场景中正确使用目标任务相关词语。"生词总动员"后附"生词大盘点"，帮助教师和学生更好地把握本单元重点词语。

（5）任务及活动

这一部分是每个单元的重点，包括"任务示范"、"分步任务活动"和"综合任务活动"三部分。其中"任务示范"给学习者提供一个实用、具体、有趣的对话或语段，配合情景介绍和图片，给学习者以直观形象的示范。"分步任务活动"重在解决本单元相关语言形式和语言点的使用问题，通过大量丰富的任务式活动，循序渐进地带领学习者在互动中学会正确使用目的语。"综合任务活动"旨在综合运用本单元相关词语和语言形式，完成本话题下的典型任务，并提供相关的新活动，以提升学习者的交际能力和交际策略。总之，"任务及活动"部分通过由典型到发散、由简单到复杂的任务活动，带领学习者螺旋式上升，解决实际交际问题。教师可根据实际教学情况，全部采用或选取部分任务式活动进行练习。

### （6）语法点注释

每个单元包含"语法点注释"，涵盖本单元出现的重要交际性语言点，既包含语言形式，也包含语用层面、功能层面上的语言使用说明。这不仅为教师备课提供了参考，而且简洁、明了、典型的解释和例句也为学生把握语言点提供了有利的帮助。

### （7）学习后任务

这是本教材编写理念的重要组成部分，是让学习者真正到生活中"用语言做事"的重要环节。因此，本教材每个单元都设计了一个涵盖全单元所有内容的综合任务活动，引导学习者课后"做事"，并在生活中检验自己的学习成果。为了保证这部分切实有效地发挥作用，建议教师在下一次上课时对这一部分进行检查。

### （8）自我评估

"自我评估"旨在帮助学习者检验自己的学习成果。这一部分设计了一些富有趣味性的活动，检验学习者词汇、语法点、交际技能的掌握情况。既可作为学生的课后作业，也可用于教师的课堂评估。

### （9）文化小贴士

这一部分是本教材的特色。不同于传统教材注重民俗文化、历史文化等"大文化"的特点，本教材每单元所选取的文化点都是跟任务目标相关的生活文化，配合"图片看中国"的直观图片，反映现代中国和中国人的生活状态，为学习者提供语言交际的真实文化场景。教师可引导学习者自学或为学生提供相关视频材料进行深入了解。

## 五、教材特色

### （1）注重任务

本教材以任务式教学理念贯彻始终，每个单元都包含任务的引入、展示、"做事"、汇报、总结的环节，每个单元的各部分之间、各单元之间的教学内容和任务活动不断重现，螺旋式上升。

### （2）兼顾语言形式与意义

教材编写兼顾语言形式与意义，语法点的设置具有很强的系统性，任务的实施暗含语言形式的操练，实现了形式与意义的统一，能够有效培养学习者语言使用的流利性和准确性。

### （3）故事性强

本教材以来华留学生大龙与一个中国家庭的故事为主线，设计"任务示范"，因此每个单元的"任务示范"环节都是故事中的一个情节。这些故事情节围绕大龙在中国的见闻和众多相关人物的生活、工作情况展开，既包含学习、生活、工作，也包含中国国情、文化、历史等方面的内容。每个单元都有新的故事场景，每册课本都会进入一个新的故事阶段，人物的命运也会随着故事的深入而逐步展现在学习者面前。

（4）兼顾趣味性和实用性

由于本教材采用了大量反映中外真实生活的图片，并配合了灵活多样的活动方式，因此学习者将不断面对不同的感官、思维冲击。为了完成不同的任务，学习者要积极寻求语言的帮助。本教材采用故事性主线，根据人物之间的生活和文化冲突设计故事情节，增加了任务示范的趣味性；同时考虑到文化适应，也兼顾了实用性。

## 六、学时建议

建议第一到四册每单元用 4~6 课时完成，第五、六册每单元用 6~8 课时完成。

# 导读 Readers' Guide

第三、四册每个单元的基本体例如下：

| 题目 TITLE | |
|---|---|
| 学习目标 LEARNING OBJECTIVES | |
| 导入 WARM-UP | |
| 一、头脑风暴 BRAINSTORM | |
| 二、生词总动员 WORD POWER | 任务 Tasks 1、2、3…… |
| | 生词大盘点 Vocabulary List |
| 三、任务及活动 TASKS AND ACTIVITIES | （一）任务示范 Task Demonstration |
| | （二）分步任务活动 Perform the Tasks Step by Step |
| | （三）综合任务活动 Comprehensive Tasks |
| 四、语法点注释 GRAMMAR NOTES | |
| 五、学习后任务 REVIEW TASK(S) | |
| 六、自我评估 SELF-EVALUATION | 1. 你认识这些生词吗 Do you know these new words |
| | 2. 选一选，测一测 Choose and test |
| 七、文化小贴士 CULTURAL NOTES | （一）你知道吗 Do You Know |
| | （二）图片看中国 China in Pictures |

- **学习目标 LEARNING OBJECTIVES：**

依据国家汉办颁布的《国际汉语教学通用课程大纲》，主要包括话题、任务目标、重点词语、重点语句、语法点等5个方面。

*作用：*对本单元应掌握的重要内容进行归纳和梳理。

*操作方法：*可以用于学习者的课前预习、课后复习以及查阅。

- **导入 WARM-UP：**

*作用：*激发学生对该任务话题的关注与兴趣，提高表达欲望，营造浓厚的学习气氛，为本单元任务话题的学习做好准备。

*操作方法：*在学习者进入本单元新话题的学习之前，教师通过"导入"部分的问题，迅速将学生带入本单元任务话题情景。

## New Target Chinese Spoken Language（3）

- **头脑风暴　BRAINSTORM：**

以"思维导图"的形式呈现与本单元任务话题相关的一系列词语的集合，这些词语都是从一到两个与任务话题相关的核心词发散出来的。不要求全部掌握，做启发思维之用。

*作用：* 可以激发和活跃学生的发散性思维，激活学生大脑中关于这个话题的认知图式的相关信息，使学生积极主动地思考在自己表达该话题时需要哪些词语，启发联想力，增强记忆力，满足个性化表达的需要，为下面任务活动的开展提供必要的词汇储备。

*操作方法：* "头脑风暴"部分的生词均带有英文注释及拼音，可以是学生课前预习时独立思考，以打开思路；也可以是课堂上教师给出核心词，学习者分组或者全班一起进行发散性思考。"头脑风暴"的内容不要求学生全部掌握，学生可根据水平和需要自行选择要学习的部分。

- **生词总动员　WORD POWER：**

包括"任务练习"和"生词大盘点"两个环节。"生词大盘点"列出的是本课应该掌握的生词，教师可运用多种教学手段和方法让学生掌握所列生词的发音、意义和用法。词表中词语的排列不是按课文的顺序呈现的，而是将同类词放在一起，以方便教师的课堂操作和学习者的记忆学习。同时，词表也是开放式的，学习者可以根据自己的表达需要加入新的有用的词汇。

"生词大盘点"前面设计了若干个针对生词的任务练习。

*作用：* 帮助学生在课前对生词进行有效的预习，或者在课堂讲解后对学习效果进行检测。

*操作方法：* 可以作为学生课前预习生词后的自测，也可作为教师讲解完生词以后的练习。推荐用作前者。

- **任务及活动　TASKS AND ACTIVITIES：**

（一）任务示范　Task Demonstration

*作用：* 给学生提供规范真实的表达范例，进行语言输入。

*操作方法：* 教师可通过朗读、问答、对话、扩展等多种讲练方法来处理每段课文，包括课文中涉及的重要语法点。

（二）分步任务活动　Perform the Tasks Step by Step

这一部分设计了一些"子任务"，任务的类型涉及：模仿活动、两人活动、小组活动、班级活动、表演活动、调查活动等。每个任务都设计了明确的任务要求和具体的任务成果。

*作用：* 通过完成一系列贴近目标情景的任务，实现语言输出。其中针对本单元的重点语言形式设计的一些焦点型任务充分兼顾了形式与内容，有助于学习者更好地掌握完成本话题任务所必需的语言形式。

*操作方法：* 教师可以在处理完"生词大盘点"、"任务示范"和"语法点注释"之后，根据本班学生的实际情况，选做任务活动。

### （三）综合任务活动　Comprehensive Tasks

"综合任务活动"的类型与"分步任务活动"相同。

*作用：*贯彻"做中学"、"用中学"、"体验中学"的特点，将真实的语言材料引入学习环境，以完成综合任务的形式进行信息或观点等的交流和传递，体验自己的学习过程，使学习者以合作的方式参与到发现问题、解决问题的过程中来，成为独立、自主、高效的学习者。

*操作方法：*在完成分步任务活动之后，教师可以根据本班学生的实际情况，选做任务活动。每单元的"综合任务活动"中都设计了一两个表演型任务，这类任务是对"任务示范"的扩展和活用，教师可以根据自己的教学设计放在"任务示范"后处理，也可在"综合任务活动"中处理。

- **语法点注释　GRAMMAR NOTES：**

*作用：*给学习者提供系统、清晰的语法结构以及典型例句，可以帮助学习者理解、记忆本单元的语法结构，同时在此基础上进行有效扩展。

*操作方法：*可以供学习者课前预习或课后复习时查阅。

- **学习后任务　REVIEW TASK(S)：**

*作用：*通过布置需要在课后完成的任务，帮助学习者及时复习、巩固课堂上所学的内容；同时，为了完成任务，学习者需要到真实的社会环境中去获取信息，这有助于提高学习者用汉语进行沟通的能力。

*操作方法：*由学习者在课后独立或合作完成，下次上课的时候，教师可以用汇报等形式检查任务的完成情况。

- **自我评估　SELF-EVALUATION：**

*作用：*自我评估部分一般包括两个部分：（1）"你认识这些生词吗"用于学习者自我检测本单元的生词掌握情况，测试后给出评价。（2）"选一选，测一测"是对本单元主要语法点和语言点的掌握情况进行诊断性测试。

*操作方法：*课堂教学结束后，用于学生自我检测。

- **文化小贴士　CULTURAL NOTES：**

补充与本课话题相关的中国的风俗文化及当代中国社会风貌的简单介绍。

*作用：*通过图片和文字介绍，让留学生真切地感受中国文化，了解当代中国面貌。

*操作方法：*对中国文化感兴趣的学习者可以自己查阅学习，教师也可从中选取比较重要的内容给学习者讲授。

## 词类简称表 Abbreviations

| | | | | |
|---|---|---|---|---|
| 1 | 名 | 名词 | míngcí | noun |
| 2 | 代 | 代词 | dàicí | pronoun |
| 3 | 形 | 形容词 | xíngróngcí | adjective |
| 4 | 动 | 动词 | dòngcí | verb |
| 5 | 能动 | 能愿动词 | néngyuàn dòngcí | optative verb |
| 6 | 副 | 副词 | fùcí | adverb |
| 7 | 数 | 数词 | shùcí | numeral |
| 8 | 量 | 量词 | liàngcí | measure word |
| 9 | 介 | 介词 | jiècí | preposition |
| 10 | 连 | 连词 | liáncí | conjunction |
| 11 | 助 | 助词 | zhùcí | particle |
| | | 语气助词 | yǔqì zhùcí | modal particle |
| | | 结构助词 | jiégòu zhùcí | structural particle |
| | | 动态助词 | dòngtài zhùcí | aspect particle |
| 12 | 叹 | 叹词 | tàncí | interjection |
| 13 | 拟声 | 拟声词 | nǐshēngcí | onomatopoeia |
| 14 | 头 | 词头 | cítóu | prefix |
| 15 | 尾 | 词尾 | cíwěi | suffix |

# 人物介绍 Introduction to the Characters

白大龙
Bái Dàlóng
Bai Dalong

美国留学生，在北京语言大学学习汉语。阳光，开朗，热爱运动、音乐，打算在大学做东亚研究。张丽的家是他在中国的寄宿家庭（homestay）。

张　丽
Zhāng Lì
Zhang Li

大龙的中国妹妹。大学生，在北京大学学习英语。温柔，美丽，热爱读书、音乐，有很多好朋友。

张大年
Zhāng Dànián
Zhang Danian

大龙的中国爸爸，北京大学的教授。很有学问，专门研究东西方文化差异，喜欢油画。

李　月
Lǐ Yuè
Li Yue

大龙的中国妈妈，北大医院的儿科大夫。很有耐心，很温柔，喜欢烹饪，中国菜做得很好吃。

李　伟
Lǐ Wěi
Li Wei

张丽的高中同学，现在一边上大学，一边在中关村打工。英语不错，工作和学习都很忙，喜欢张丽。

查　理
Chálǐ
Charlie

李伟的同事，英国人，常来北京出差。以前在北京学过汉语，现在能说一口流利的汉语。不太爱讲话，可是很幽默。

美　善
Měishàn
Meishan

大龙班里的美国同学。混血儿，爸爸是韩国人，妈妈是日本人，她自己在美国出生。活泼开朗，喜欢音乐和运动，也喜欢大龙。

艾　娜
Àinà
Edna

大龙班里的美国同学。因为喜欢旅行，所以来学习汉语。很幽默，爱好跳舞，喜欢大龙。

茉　莉
Mòlì
Moli

大龙班里的意大利同学。专业是国际贸易，非常漂亮。

# 第一单元
# Unit 1

# 谈人物特征
## Talking about the Characteristics of a Person

| 话题<br>Topic | 谈论人物外貌、衣着、性格等特征<br>Talking about the appearance, clothes, personality and other characteristics of a person |
|---|---|
| 任务目标<br>Instructional Objectives | 能正确描述或谈论人物特征，能综合介绍人物特点，包括外表、性格、爱好、特长等信息<br>Students can use appropriate expressions to describe or talk about the characteristics of a person, including his/her appearance, personality, hobbies, things he/she is skilled in and other aspects. |
| 重点词语<br>Key Words | 性格 xìnggé、腼腆 miǎntiǎn、文静 wénjìng、活泼 huópō、开朗 kāilǎng、身材 shēncái、苗条 miáotiao、胡子 húzi、眼镜 yǎnjìng |
| 重点语句<br>Key Sentences | 1. 她长什么样？Tā zhǎng shénme yàng?<br>2. 她很苗条，只是个子不太高。Tā hěn miáotiao, zhǐshì gèzi bú tài gāo.<br>3. 她有多高？Tā yǒu duō gāo?<br>4. 我觉得中国女孩儿大都既文静又腼腆。Wǒ juéde Zhōngguó nǚháir dàdōu jì wénjìng yòu miǎntiǎn. |
| 语法点<br>Grammar Points | 1. 转折复句：……，只是……  Transitional compound sentence: ……，只是……<br>2. 并列复句：既……又……  Coordinate compound sentence: 既……又……<br>3. 形容词重叠做定语  Reduplication of an adjective used as an attributive |

# New Target Chinese Spoken Language (3)

## 导入 WARM-UP

你喜欢什么样的服饰风格？你和你的朋友性格是什么样的？

Nǐ xǐhuan shénme yàng de fúshì fēnggé?
Nǐ hé nǐ de péngyou xìnggé shì shénme yàng de?

How do you like to dress? What type of personality do you and your friends have?

## 一 头脑风暴 BRAINSTORM

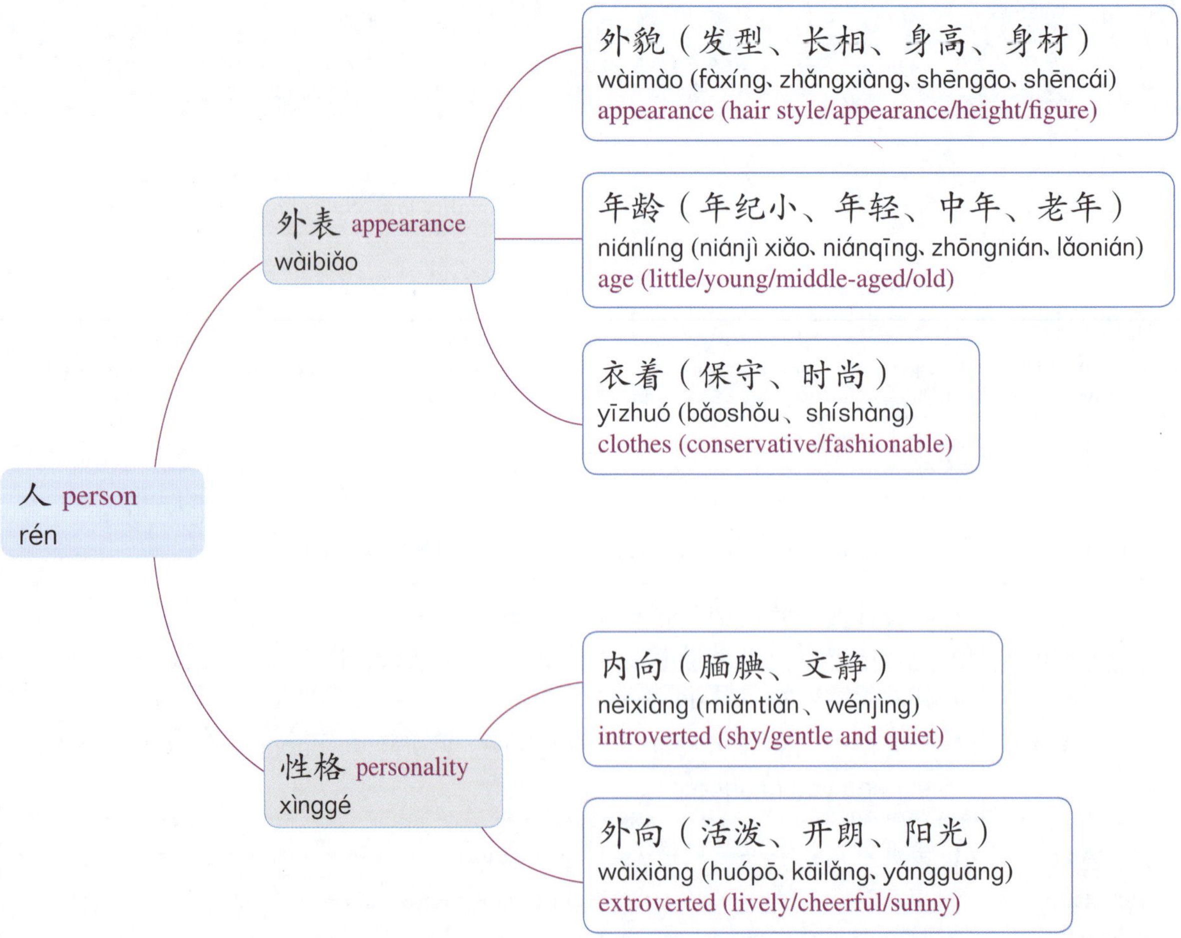

人 person
rén

- 外表 appearance
  wàibiǎo
  - 外貌（发型、长相、身高、身材）
    wàimào (fàxíng, zhǎngxiàng, shēngāo, shēncái)
    appearance (hair style/appearance/height/figure)
  - 年龄（年纪小、年轻、中年、老年）
    niánlíng (niánjì xiǎo, niánqīng, zhōngnián, lǎonián)
    age (little/young/middle-aged/old)
  - 衣着（保守、时尚）
    yīzhuó (bǎoshǒu, shíshàng)
    clothes (conservative/fashionable)

- 性格 personality
  xìnggé
  - 内向（腼腆、文静）
    nèixiàng (miǎntiǎn, wénjìng)
    introverted (shy/gentle and quiet)
  - 外向（活泼、开朗、阳光）
    wàixiàng (huópō, kāilǎng, yángguāng)
    extroverted (lively/cheerful/sunny)

# Unit 1  Talking about the Characteristics of a Person

## 一 生词总动员  WORD POWER

### 1 你觉得他/她怎么样？  What do you think about him/her?

**单人活动**：看图，用至少三个词来描述图片中的人物特征。

**Individual work:** Look at the pictures. Use at least three words to describe the characteristics of each person in the pictures.

| 发型 fàxíng<br>Hair style | 棕色短发、 金色短发、 黑色长直发、 红色卷发、 光头<br>zōngsè duǎnfà, jīnsè duǎnfà, hēisè chángzhífà, hóngsè juǎnfà, guāngtóu |
|---|---|
| 年纪 niánjì<br>Age | 年轻、 中年人、 老年人<br>niánqīng, zhōngniánrén, lǎoniánrén |
| 外貌 wàimào<br>Appearance | 英俊、 漂亮、 胡子<br>yīngjùn, piàoliang, húzi |
| 性格 xìnggé<br>Personality | 腼腆、 开朗、 热情、 活泼<br>miǎntiǎn, kāilǎng, rèqíng, huópō |
| 其他词汇或短语<br>Other words or phrases | 绅士 (gentleman)、 淑女 (gentlewoman)<br>shēnshì shūnǚ |

**两人活动**：请用至少4个词语来描绘你自己和你的伙伴，然后对比一下，看看彼此同意对方的描述吗。

**Pair work:** Please use at least four words to describe your partner and yourself. Make comparisons and then discuss whether you agree with your partners' description.

A: 你是黑色卷发，看上去又年轻又漂亮。
　　Nǐ shì hēisè juǎnfà, kàn shangqu yòu niánqīng yòu piàoliang.

B: 我的头发不是卷发，是直发。
　　Wǒ de tóufa bú shì juǎnfà, shì zhífà.

第一单元 谈人物特征

## 2 你喜欢哪位明星？ Which star do you like?

**两人活动**：下图的人物中，你喜欢哪一个？选择合适的词语，从外貌和性格两方面描述这个人。

**Pair work:** Whom do you like among the people in the following pictures? Choose the right words to describe them in terms of their appearance and character.

## 3 我觉得中国人是这样的…… I think Chinese people are……

**小组活动**：选择合适的词语，描述你印象中的某国人的形象特点，然后跟小组成员交换，看看你们的想法是否一样。

**Group work:** Choose the right words to describe the characteristics of the people of a country and then exchange ideas with your group members to check if their ideas are the same as yours.

|  | 头发 tóufa | 眼睛 yǎnjing | 鼻子 bízi | 肤色 fūsè | 性格 xìnggé |
|---|---|---|---|---|---|
| 中国人 Zhōngguó rén |  |  |  |  |  |
| 印度人 Yìndù rén |  |  |  |  |  |
| 英国人 Yīngguó rén |  |  |  |  |  |
| 巴西人 Bāxī rén |  |  |  |  |  |
| …… |  |  |  |  |  |

**例**

我觉得中国人是这样的：头发_____，眼睛_____，
Wǒ juéde Zhōngguó rén shì zhèyàng de: tóufa_____, yǎnjing_____,
鼻子_____，皮肤是_____色的，性格_____。
bízi_____, pífū shì_____ sè de, xìnggé_____.

# Unit 1  Talking about the Characteristics of a Person

## 生词大盘点  VOCABULARY LIST

| | | | | |
|---|---|---|---|---|
| 1 | 性格 | xìnggé | 名 | personality, character |
| 2 | 身材 | shēncái | 名 | figure |
| 3 | 皮肤 | pífū | 名 | skin |
| 4 | （颜）色 | (yán) sè | 名 | color |
| 5 | 光头 | guāngtóu | 名 | baldness |
| 6 | 胡子 | húzi | 名 | beard, moustache |
| 7 | 眼镜 | yǎnjìng | 名 | glasses |
| 8 | 副 | fù | 量 | *a measure word for glasses* |
| 9 | 直 | zhí | 形 | straight |
| 10 | 卷 | juǎn | 形 | curly |
| 11 | 文静 | wénjìng | 形 | gentle and quiet |
| 12 | 活泼 | huópō | 形 | lively |
| 13 | 腼腆 | miǎntiǎn | 形 | shy, bashful |
| 14 | 热情 | rèqíng | 形 | enthusiastic |
| 15 | 开朗 | kāilǎng | 形 | cheerful |
| 16 | 英俊 | yīngjùn | 形 | handsome |
| 17 | 细 | xì | 形 | thin, slim |
| 18 | 苗条 | miáotiao | 形 | slim, slender |
| 19 | 棕 | zōng | 形 | brown |
| 20 | 金 | jīn | 形 | golden |
| 21 | 交 | jiāo | 动 | to make (friends) |
| 22 | 消息 | xiāoxi | 名 | news, information |
| 23 | 灵通 | língtōng | 形 | having quick access to information |
| 24 | 比较 | bǐjiào | 副 | comparatively, relatively |
| 25 | 印象 | yìnxiàng | 名 | impression |
| 26 | 既……又…… | jì……yòu…… | | both…and… |
| 27 | 总之 | zǒngzhī | 连 | in short |
| 28 | 看上去 | kàn shangqu | | It seems that… |
| 29 | 神秘 | shénmì | 形 | mysterious |
| 30 | 完全 | wánquán | 副 | absolutely, completely |
| 31 | 这样 | zhèyàng | 代 | like this, so, such |
| 32 | 笑口常开 | xiào kǒu cháng kāi | | grinning all the time |

## 三 任务及活动　TASKS AND ACTIVITIES

### （一）任务示范　Task Demonstration

在酒吧，艾娜和查理正在聊天儿。

**The scene of the story:** Edna and Charlie are chatting in a bar.

艾娜：查理，听说你交了一个中国女朋友！
Ainà: Chálǐ, tīngshuō nǐ jiāole yí ge Zhōngguó nǚpéngyou!

查理：你怎么知道的？你的消息真灵通！她叫小爱，长得特别漂亮。
Chálǐ: Nǐ zěnme zhīdao de? Nǐ de xiāoxi zhēn língtōng! Tā jiào Xiǎo'ài, zhǎng de tèbié piàoliang.

艾娜：真的吗？她长什么样？
Ainà: Zhēn de ma? Tā zhǎng shénme yàng?

查理：她很苗条，只是个子不太高。
Chálǐ: Tā hěn miáotiao, zhǐshì gèzi bú tài gāo.

艾娜：她有多高？
Ainà: Tā yǒu duō gāo?

查理：大概有一米六。
Chálǐ: Dàgài yǒu yì mǐ liù.

艾娜：还可以，只比我矮一点儿。她有一头黑色长发吗？
Ainà: Hái kěyǐ, zhǐ bǐ wǒ ǎi yìdiǎnr. Tā yǒu yì tóu hēisè chángfà ma?

查理：不是，她的头发是比较短的卷发。你印象中的中国女孩儿是什么样子的？
Chálǐ: Bú shì, tā de tóufa shì bǐjiào duǎn de juǎnfà. Nǐ yìnxiàng zhōng de Zhōngguó nǚháir shì shénme yàngzi de?

艾娜：我觉得中国女孩儿大都既文静又腼腆，眼睛是细长的，头发又黑又直，总之，看上去神神秘秘的！
Ainà: Wǒ juéde Zhōngguó nǚháir dàdōu jì wénjìng yòu miǎntiǎn, yǎnjing shì xìcháng de, tóufa yòu hēi yòu zhí, zǒngzhī, kàn shangqu shénshénmìmì de!

# Unit 1  Talking about the Characteristics of a Person

查理：我 的 女朋友 完全 不是 这样，她总是 笑 口 常 开，
Chálǐ: Wǒ de nǚpéngyou wánquán bú shì zhèyàng, tā zǒngshì xiào kǒu cháng kāi,
以后 见面 你 就 知道 了！
yǐhòu jiànmiàn nǐ jiù zhīdao le!

## （二）分步任务活动  Perform the Tasks Step by Step

### 1  描述一个人  Describe a person

| 外表  Appearance | 年龄  Age | 身高  Height | 头发  Hair |
|---|---|---|---|
| 她长什么样？<br>Tā zhǎng shénme yàng? | 她多大年纪？<br>Tā duō dà niánjì? | 她有多高？<br>Tā yǒu duō gāo? | 她头发长吗？<br>Tā tóufa cháng ma? |
| 她很高，红头发，非常漂亮。<br>Tā hěn gāo, hóng tóufa, fēicháng piàoliang. | 她22岁。<br>Tā èrshí'èr suì. | 她一米七八。<br>Tā yì mǐ qī bā. | 不太长。<br>Bú tài cháng. |
| 他戴眼镜吗？<br>Tā dài yǎnjìng ma? | 他有30岁吗？<br>Tā yǒu sānshí suì ma? | 他高不高？<br>Tā gāo bu gāo? | 他头发是什么颜色的？<br>Tā tóufa shì shénme yánsè de? |
| 他戴一副金边眼镜。<br>Tā dài yí fù jīn biān yǎnjìng. | 他不到……<br>Tā bú dào…… | 他不太……<br>Tā bú tài…… | 深(dark) 棕色的。<br>Shēn zōngsè de. |

第一单元 谈人物特征

# New Target Chinese Spoken Language (3)

 两人活动: 根据答句写出问句，然后跟你的同伴对照你们的问句。

**Pair work:** Write questions according to the answers and then compare your questions with your partner.

（1）_____？ 我哥哥今年 26 岁。
　　　　　　　　　　　　　　　　　Wǒ gēge jīnnián èrshíliù suì.

（2）_____？ 我一米七三。
　　　　　　　　　　　　　　　　　Wǒ yì mǐ qī sān.

（3）_____？ 小爱有一头黑发。
　　　　　　　　　　　　　　　　　Xiǎo'ài yǒu yì tóu hēi fà.

（4）_____？ 他长得又高又帅。
　　　　　　　　　　　　　　　　　Tā zhǎng de yòu gāo yòu shuài.

（5）_____？ 他妹妹个子不太高。
　　　　　　　　　　　　　　　　　Tā mèimei gèzi bú tài gāo.

（6）_____？ 我的眼睛是深棕色的。
　　　　　　　　　　　　　　　　　Wǒ de yǎnjing shì shēn zōngsè de.

 两人活动: 选择班里任意一人，不告诉你的同伴。通过提问，猜这个人是谁。

**Pair work:** Randomly choose one of your classmates without telling your partner. Let your partner guess who he/she is by asking questions about him/her.

例
A：他是男的还是女的？　　　A：他有多高？
　　Tā shì nán de háishi nǚ de?　　　Tā yǒu duō gāo?
B：他是男的。　　　　　　　B：……
　　Tā shì nán de.

## 2 他是谁　Who is he

 单人活动: 听录音，根据录音中对人物形象的描述，写出下列五个人的序号。

**Individual work:** Listen to the recording. Write the number of each person according to the descriptions you hear.

（　）　　　（　）　　　（　）　　　（　）　　　（　）

# Unit 1  Talking about the Characteristics of a Person

 两人活动：再听一遍录音，然后讨论一下图片中人物的年纪、外貌特点。

**Pair work:** Listen to the recording again. Discuss the age and the characteristics of the appearance of each person in the pictures.

例

A：他有多大年纪?
Tā yǒu duō dà niánjì?

B：他 20 岁左右。
Tā èrshí suì zuǒyòu.

A：他有多高?
Tā yǒu duō gāo?

B：他大概有一米八五。
Tā dàgài yǒu yì mǐ bā wǔ.

## 3  挑刺儿  Fault-finding

 分组接力比赛：看图片，一组学生说出图片中人或事物的优点（至少两个），另一组学生指出其缺点或不足之处加以反驳。

**Competition:** Look at the pictures. A group of students state at least two of the person's/things' merits and another group retorted by pointing out their demerits.

例

A组  学生1：她既漂亮又聪明。
Tā jì piàoliang yòu cōngming.

她既可爱又漂亮。
Tā jì kě'ài yòu piàoliang.

学生2：……

B组  学生1：只是有点儿矮。
Zhǐshì yǒudiǎnr ǎi.

只是眼睛有点儿小。
Zhǐshì yǎnjing yǒudiǎnr xiǎo.

学生2：……

# New Target Chinese Spoken Language (3)

## (三) 综合任务活动　Comprehensive Tasks

**1　找出不同之处　Find the differences**

**两人活动**　分别看图片A和B，通过提问，确定两张图片的不同之处，然后向全班同学汇报，看看哪组找得最全面。

**Pair work:** Look at the two pictures A and B. Ask questions to find the differences between the two pictures and then report to the class. The pair that has found the most differences will win.

**例**

1. 你的图中有几个人？
   Nǐ de tú zhōng yǒu jǐ ge rén?

2. 有多少人站着/坐着/拿着饮料？
   Yǒu duōshao rén zhànzhe/zuòzhe/názhe yǐnliào?

3. ……的衣服（毛衣、T恤、裙子）/头发是什么颜色的？
   …… de yīfu (máoyī、T xù、qúnzi) / tóufa shì shénme yánsè de?

4. ……戴眼镜/有胡子/有一头长发吗？
   …… dài yǎnjìng/yǒu húzi/ yǒu yì tóu chángfà ma?

5. ……长什么样？
   ……zhǎng shénme yàng?

   ……

# Unit 1 Talking about the Characteristics of a Person

## 2 描述你的理想伴侣 Describe your Mr./Miss Right

**两人活动** 下面的电子邮件是查理写给朋友的信,信里他向朋友介绍了自己的中国女朋友。阅读这个电子邮件,然后请你向同伴介绍一下查理对中国女孩儿看法的变化。

**Pair work:** Charlie's email to his friend is as follows, in which he talked about his Chinese girlfriend. Read it and then tell the rest of your classmates how Charlie changed his views about Chinese girls.

大卫:

　　好久没给你写email了,因为最近我比较忙。猜猜为什么?哈哈,我交了一个女朋友,一个既漂亮又可爱的中国女朋友,她叫小爱。

　　来中国以前,我们都觉得中国女孩儿漂亮是漂亮,可是既腼腆又害羞(bashful, shy),总之,不太开朗,也不太活泼。可是,我认识小爱以后,发现这种看法真是大错特错。她性格既开朗又活泼,总是笑口常开,跟她聊天儿,我觉得特别开心。还有,她特别聪明,她了解世界各地的文化和习惯。跟她在一起,我也能了解到很多新(new)的东西。所以,现在我对中国女孩子的看法(view)完全改变(to change, to alter)了……

Dàwèi:

　　Hǎojiǔ méi gěi nǐ xiě email le, yīnwèi zuìjìn wǒ bǐjiào máng. Cāicai wèi shénme? Hāha, wǒ jiāole yí ge nǚpéngyou, yí ge jì piàoliang yòu kě'ài de Zhōngguó nǚpéngyou, tā jiào Xiǎo'ài.

　　Lái Zhōngguó yǐqián, wǒmen dōu juéde Zhōngguó nǚháir piàoliang shì piàoliang, kěshì jì miǎntiǎn yòu hàixiū, zǒngzhī, bú tài kāilǎng, yě bú tài huópō. Kěshì, wǒ rènshi Xiǎo'ài yǐhòu, fāxiàn zhè zhǒng kànfǎ zhēn shì dà cuò tè cuò. Tā xìnggé jì kāilǎng yòu huópō, zǒngshì xiào kǒu cháng kāi, gēn tā liáotiānr, wǒ juéde tèbié kāixīn. Háiyǒu, tā tèbié cōngming, tā liǎojiě shìjiè gè dì de wénhuà hé xíguàn. Gēn tā zài yìqǐ, wǒ yě néng liǎojiě dào hěn duō xīn de dōngxi. Suǒyǐ, xiànzài wǒ duì Zhōngguó nǚháizi de kànfǎ wánquán gǎibiàn le……

**小组活动** 四人一组,交流彼此对理想伴侣的看法,可以从如下几方面展开讨论:外貌、性格、年龄、身高、经历。

**Group work:** Work in groups of four and exchange ideas about your Mr./Miss Right in the following aspects: his/her appearance, character, age, height and experience.

## 四 语法点注释 GRAMMAR NOTES

**1** 转折复句：……，只是…… Transitional compound sentence: ……，只是……

"只是"是表转折的关联词语，前边通常为积极意义，后边通常为消极意义。例如：
"只是" is a conjunction indicating transition, usually with the former part indicating positive meanings and the latter part indicating negative meanings, e.g.,

① 她长得真漂亮，只是个子有点儿矮。
　　Tā zhǎng de zhēn piàoliang, zhǐshì gèzi yǒudiǎnr ǎi.

② 今天的天气不错，只是听说晚上有雨。
　　Jīntiān de tiānqì búcuò, zhǐshì tīngshuō wǎnshang yǒu yǔ.

**2** 并列复句：既……又…… Coordinate compound sentence: 既……又……

"既……又……"连接结构和音节数目相同或相似的形容词、动词及动词词组。例如：
"既……又……" is used to connect adjectives, verbs or verb phrases with similar structures or the same number of syllables, e.g.,

① 他既是我的朋友，又是我的老师。
　　Tā jì shì wǒ de péngyou, yòu shì wǒ de lǎoshī.

② 她既热情，又开朗。
　　Tā jì rèqíng, yòu kāilǎng.

**3** 形容词重叠做定语 Reduplication of an adjective used as an attributive

形容词重叠有加深程度的意思，同时带有一定的感情色彩。单音节形容词重叠形式为"AA"，如"黑黑的头发"，双音节重叠形式为"AABB"，如"高高兴兴"、"漂漂亮亮"。形容词重叠形式做定语的前边不再受程度副词的修饰。例如：

An adjective can be reduplicated for intensification to show certain emotion. The reduplicative form of a monosyllabic adjective is "AA", for example, "黑黑的头发"; and the reduplicative form of a disyllabic adjective is "AABB", for example, "高高兴兴", "漂漂亮亮". If an adjective is reduplicated to serve as an attributive, it is not modified by an adverb of degree preceding it, e.g.,

① 她有一双大大的眼睛。
　　Tā yǒu yì shuāng dàdà de yǎnjing.

② 在北京，大龙每天都高高兴兴的。
　　Zài Běijīng, Dàlóng měi tiān dōu gāogāoxìngxìng de.

# Unit 1　Talking about the Characteristics of a Person

## 五　学习后任务　REVIEW TASK

描述一个你最喜欢的人物形象，然后向全班同学介绍。
Describe one of your favorite persons. And then report to your classmates.

提示：
Clues:

（1）人物的外表（如五官，发型，身材等）
His/her appearance (for example, the five sense organs, hair style, figure, etc.)

（2）人物的性格
His/her personality

（3）你为什么喜欢这个人物形象
The reasons you like his/her

## 六　自我评估　SELF-EVALUATION

### 1　你认识这些生词吗　Do you know these new words

请在你认识的生词前打√，然后数一下你认识的生词数。
Please tick √ before the words you know, and then count them.

| □ 性格 | □ 开朗 | □ 热情 | □ 文静 | □ 活泼 | □ 苗条 |
| --- | --- | --- | --- | --- | --- |
| □ 身材 | □ 金色 | □ 印象 | □ 细 | □ 这样 | □ 皮肤 |
| □ 胡子 | □ 既……又…… | | □ 直 | □ 卷 | □ 比较 |
| □ 神秘 | □ 总之 | □ 完全 | □ 笑口常开 | | |

认识 18~21 个：太棒了！
Knowing 18-21 words: Wonderful!

认识 14~17 个：不错，要更加努力。
Knowing 14-17 words: Good. Please make more efforts.

认识 14 个以下：得复习复习。加油啊！
Knowing fewer than 14 words: Please review the lesson.

## 2 选一选，测一测  Choose and test

在正确的句子或合适的答句前打 ✓，看看你语法学得怎么样。
Tick ✓ before the correct sentences or answers to check how well you have learned the grammar of this lesson.

① 他的 中国 女朋友 怎么样？
　　Tā de Zhōngguó nǚpéngyou zěnmeyàng?

　　A：听说 非常 漂亮。[→②]
　　　　Tīngshuō fēicháng piàoliang.

　　B：听说 非常 漂漂 亮亮 的。[→③]
　　　　Tīngshuō fēicháng piàopiào liàngliàng de.

② 你会 说 汉语 吗？会不会做 中国菜？
　　Nǐ huì shuō Hànyǔ ma? Huì bu huì zuò Zhōngguócài?

　　A：我既会说 汉语，又会做 中国菜。[→⑤]
　　　　Wǒ jì huì shuō Hànyǔ, yòu huì zuò Zhōngguócài.

　　B：我既会说 汉语，不会做 中国菜。[→④]
　　　　Wǒ jì huì shuō Hànyǔ, bú huì zuò Zhōngguócài.

③ 你的老师 长 什么 样？
　　Nǐ de lǎoshī zhǎng shénme yàng?

　　A：她有一头 长长 的黑发。[→②]
　　　　Tā yǒu yì tóu chángcháng de hēifà.

　　B：她有一头 很 长长 的黑发。[→D]
　　　　Tā yǒu yì tóu hěn chángcháng de hēifà.

④ 你吃过那个餐厅 的意大利菜和 法国菜吗？
　　Nǐ chīguo nàge cāntīng de Yìdàlì cài hé Fǎguócài ma?

　　A：我在那儿既没 吃过意大利菜，也没 吃过 法国菜，
　　　　Wǒ zài nàr jì méi chīguo Yìdàlì cài, yě méi chīguo Fǎguócài,
　　　　我只 吃过那儿的 中国菜。[→⑤]
　　　　wǒ zhǐ chīguo nàr de Zhōngguócài.

　　B：我 没既吃过意大利菜和 法国菜。[→C]
　　　　Wǒ méi jì chīguo Yìdàlìcài hé Fǎguócài.

⑤ 昨天 的菜 好吃 吗？
　　Zuótiān de cài hǎochī ma?

　　A：昨天 的菜 真 好吃，只是有点儿 少。[→A]
　　　　Zuótiān de cài zhēn hǎochī, zhǐshì yǒudiǎnr shǎo.

　　B：昨天 的菜 真 少，只是很 好吃。[→B]
　　　　Zuótiān de cài zhēn shǎo, zhǐshì hěn hǎochī.

# Unit 1  Talking about the Characteristics of a Person

A：太棒了，你的语法学得非常好！
Wonderful, you have learned the grammar very well!

B：注意结构"……，只是……"的用法。"只是"前面通常表示好的方面，后面表示不太满意的方面。现在你明白了吗？再做一遍第⑤题吧。
Pay attention to the usage of the structure "……，只是……". "只是" is usually preceded by some words positive in meaning and followed by some words negative in meaning. Understand now? Please do question ⑤ again.

C："既……又……"常用来连接两个结构相同或相似的分句，否定形式是"既不……又/也不……"或"既没……又/也没……"。现在你明白了吗？再做一遍第②和第④题吧。
"既……又……" is often used to connect clauses with the same or similar structures. Its negative form is "既不……又/也不……" or "既没……又/也没……". Understand now? Please do questions ② and ④ again.

D：注意形容词重叠的用法。详见语法点注释3。现在你明白了吗？再做一遍第①和第③题吧。
Pay attention to the reduplication of an adjective and refer to Grammar Note 3 for more details. Understand now? Please do questions ① and ③ again.

## 文化小贴士 CULTURAL NOTES

### （一）你知道吗  Do You Know

#### 审美观念的变化  Changes in People's Aesthetic Ideas

大多数外国人观念中的典型中国美女是身材娇小苗条、细眉细眼小嘴、性情温柔婉约的。不过现代人对美貌女子的审美观念已经发生了变化。长得浓眉大眼，显得活泼；长一双细眼，显得秀气；长一张大嘴，非常性感。怎样都能被称为美女。

According to most foreigners, a typical Chinese beauty is small, slim, with delicate eyes and eyebrows, small mouth and gentle temperament. However, a beautiful girl is not any more judged this way by people nowadays: You'd be considered lively for your big eyes and bushy eyebrows, or elegant for your slender eyes, or sexy for your big mouth. No matter what your appearance is, you might be considered a beauty.

## （二）图片看中国 China in Pictures

**外国人眼中的传统中国女孩儿**
wàiguórén yǎn zhōng de chuántǒng Zhōngguó nǚháir
A traditional Chinese girl in foreigners' eyes

**现代中国女大学生**
xiàndài Zhōngguó nǚ dàxuéshēng
A modern Chinese female college student

**中国著名电影明星章子怡**
Zhōngguó zhùmíng diànyǐng míngxīng Zhāng Zǐyí
A famous Chinese film star—Zhang Ziyi

# 第二单元
# Unit 2

# 谈家乡
## Talking about Hometown

| | |
|---|---|
| 话题<br>Topic | 谈论城市与家乡<br>Talking about a city and hometown |
| 任务目标<br>Instructional Objectives | 能听懂别人对城市的简单介绍；能对自己的家乡或一个城市进行简单的介绍<br>Students can understand other people's brief introduction of a city and make a brief introduction of their hometown or a city. |
| 重点词语<br>Key Words | 家乡 jiāxiāng、城市 chéngshì、郊区 jiāoqū、农村 nóngcūn、小镇 xiǎozhèn、现代化 xiàndàihuà、商业中心 shāngyè zhōngxīn、胡同 hútòng、窄 zhǎi |
| 重点语句<br>Key Sentences | 1. 我来给你介绍介绍…… Wǒ lái gěi nǐ jièshào jièshào……<br>2. 这条胡同真够窄的！Zhè tiáo hútòng zhēn gòu zhǎi de!<br>3. 你别看它窄，里面的故事可多着呢。Nǐ bié kàn tā zhǎi, lǐmian de gùshi kě duō zhene.<br>4. 俗话说：远亲不如近邻，住在胡同里的人们就像一家人一样。Súhuà shuō: yuǎnqīn bùrú jìnlín, zhù zài hútòng li de rénmen jiù xiàng yì jiā rén yíyàng.<br>5. 故宫是北京的名胜古迹之一，非常有名。Gùgōng shì Běijīng de míngshèng gǔjì zhī yī, fēicháng yǒumíng.<br>6. 看来北京是个既现代又古老的城市。Kànlái Běijīng shì ge jì xiàndài yòu gǔlǎo de chéngshì. |
| 语法点<br>Grammar Points | 1. 动词重叠　　Reduplication of a verb<br>2. 够……的　　The structure 够……的<br>3. 别看……，……可……　　The structure 别看……，……可…… |

# New Target Chinese Spoken Language (3)

## 导入　WARM-UP

你的家乡在哪儿？你会用中文介绍自己的家乡吗？
Nǐ de jiāxiāng zài nǎr? Nǐ huì yòng Zhōngwén jièshào zìjǐ de jiāxiāng ma?
Where is your hometown? Can you use Chinese to talk about it?

## 一　头脑风暴　BRAINSTORM

- 市区 shìqū — downtown
- 郊区 jiāoqū — suburb
- 农村 nóngcūn — countryside
- 小镇 xiǎo zhèn — small town
- 热闹 rènao — lively, bustling with noise and excitement
- 安静 ānjìng — quiet

城市 chéngshì — city

- 宗教 zōngjiào — religion
  - 佛教 Fójiào — Buddhism → 寺庙 sìmiào — temple
  - 道教 Dàojiào — Taoism → 道观 dàoguàn — Taoist temple
  - 伊斯兰教 Yīsīlánjiào — Islamism → 礼拜寺 lǐbàisì — bethel
  - 基督教 Jīdūjiào — Christianism → 教堂 jiàotáng — church
  - 天主教 Tiānzhǔjiào — Catholicism

- 古老 gǔlǎo — old, age-old
  - 胡同 hútòng — bystreet
  - 四合院 sìhéyuàn — courtyard house

- 现代 xiàndài — modern
  - 大厦 dàshà — mansion
  - 高楼 gāolóu — high building, tower
  - 高速公路 gāosù gōnglù — expressway
  - 商业中心 shāngyè zhōngxīn — business center

# Unit 2　Talking about Hometown

##  生词总动员　WORD POWER

### 1　你听到了什么　What did you hear

**单人活动**　你认识下面这些词吗？学一学，然后听录音，在你听到的词前写上相应的序号。

**Individual work:**　Do you know the following words? Learn them and then listen to the recording. Write the corresponding numbers before the words you hear.

| 1 城市 chéngshì | □ 大厦 dàshà | □ 农村 nóngcūn | □ 商业中心 shāngyè zhōngxīn |
| □ 郊区 jiāoqū | □ 寺庙 sìmiào | □ 胡同 hútòng | □ 小镇 xiǎo zhèn |

### 2　俗话说说看　As the saying goes

**两人活动**　（1）读读下面的俗语，说说在你们国家有没有关于邻里方面的俗话。用中文说说看。

**Pair work:**　Read the following sayings. Tell some sayings about neighborhood in your country in Chinese.

远亲不如近邻：yuǎnqīn bùrú jìnlín：

　　当你遇到困难或危急的事情时，离你很远的亲戚不如离你很近的邻居那样能及时帮助。表示邻里之间关系很好。

　　If you have difficulties or critical things, your relatives who live very far away from you may not be able to help you in time as your neighbors could. It shows that neighbors are getting along well with each other.

你们的俗话：
Nǐmen de súhuà:

（2）你同意"远亲不如近邻"这句话吗？如果同意，请举个例子，如果不同意，请说说原因。

Do you agree with the above proverb? If you do, please give us an example. If you don't, please tell us the reasons.

## 生词大盘点 VOCABULARY LIST

| | | | | |
|---|---|---|---|---|
| 1 | 家乡 | jiāxiāng | 名 | hometown, native place |
| 2 | 城市 | chéngshì | 名 | city |
| 3 | 都市 | dūshì | 名 | city, metropolis |
| 4 | 郊区 | jiāoqū | 名 | suburb |
| 5 | 农村 | nóngcūn | 名 | countryside |
| 6 | 镇 | zhèn | 名 | town |
| 7 | 商业 | shāngyè | 名 | commerce |
| 8 | 中心 | zhōngxīn | 名 | center |
| 9 | 大厦 | dàshà | 名 | mansion |
| 10 | 胡同 | hútòng | 名 | bystreet, lane |
| 11 | 寺庙 | sìmiào | 名 | temple |
| 12 | 一半 | yíbàn | 数 | half |

# Unit 2　Talking about Hometown

| 13 | 照片 | zhàopiàn | 名 | photo, picture |
| 14 | 张 | zhāng | 量 | *a measure word for something flat, such as a photo, map, card* |
| 15 | 照 | zhào | 动 | to take (a photo) |
| 16 | 里（面） | lǐ(mian) | 名 | in, inside |
| 17 | 故事 | gùshi | 名 | story |
| 18 | 俗话 | súhuà | 名 | saying |
| 19 | 古老 | gǔlǎo | 形 | old, age-old |
| 20 | 现代 | xiàndài | 名 | modern (time) |
| 21 | ～化 | ～huà | 尾 | *(a suffix)* -ize, -ify |
| 22 | 窄 | zhǎi | 形 | narrow |
| 23 | 宽 | kuān | 形 | wide |
| 24 | 已经 | yǐjīng | 副 | already, yet |
| 25 | 可 | kě | 副 | very |
| 26 | 呀 | ya | 助 | ah, oh |
| 27 | 够……的 | gòu……de | | very |
| 28 | ……之一 | ……zhī yī | | one of |
| 29 | 像……一样 | xiàng……yíyàng | | to look like |
| 30 | 远亲不如近邻 | yuǎnqīn bùrú jìnlín | | A far-off relative is not as helpful as a neighbor. |

## 专有名词　Proper Noun

| 故宫 | Gùgōng | the Imperial Palace |

# 三 任务及活动 TASKS AND ACTIVITIES

## （一）任务示范 Task Demonstration

**故事场景** 艾娜在张丽家，两人聊天儿。

The scene of the story: Anna and Zhang Li are chatting at Zhang Li's home.

张丽： 你来北京已经好几个月了，你对北京的印象怎么样？
Zhāng Lì: Nǐ lái Běijīng yǐjīng hǎo jǐ ge yuè le, nǐ duì Běijīng de yìnxiàng zěnmeyàng?

艾娜： 北京是个现代化的国际大都市。在北京有很多高楼大厦，
Àinà: Běijīng shì ge xiàndàihuà de guójì dà dūshì. Zài Běijīng yǒu hěn duō gāo lóu dàshà,
还有很多商业中心，买东西非常方便。
hái yǒu hěn duō shāngyè zhōngxīn, mǎi dōngxi fēicháng fāngbiàn.

张丽： 你呀，只说对了一半。除了高楼大厦以外，北京还有很多
Zhāng Lì: Nǐ ya, zhǐ shuō duìle yíbàn. Chúle gāo lóu dàshà yǐwài, Běijīng hái yǒu hěn duō
名胜古迹，我来给你介绍介绍……
míngshèng gǔjì, wǒ lái gěi nǐ jièshào jièshào……

（张丽拿出相册 Zhang Li takes out a photo album.）

艾娜： 这张照片真漂亮！
Àinà: Zhè zhāng zhàopiàn zhēn piàoliang!

张丽： 这是北京的胡同。
Zhāng Lì: Zhè shì Běijīng de hútòng.

艾娜： 这条胡同真够窄的！
Àinà: Zhè tiáo hútòng zhēn gòu zhǎi de!

张丽： 你别看它窄，里面的故事可
Zhāng Lì: Nǐ bié kàn tā zhǎi, lǐmian de gùshi kě
多着呢。俗话说：远亲不如
duō zhene. Súhuà shuō: yuǎnqīn bùrú
近邻，住在胡同里的人们
jìnlín, zhù zài hútòng li de rénmen
就像一家人一样。
jiù xiàng yì jiā rén yíyàng.

（艾娜指着另一张照片 Anna is pointing at another photo.）

艾娜： 这张照片是在哪儿照的？
Àinà: Zhè zhāng zhàopiàn shì zài nǎr zhào de?

## Unit 2  Talking about Hometown

张丽： 这 是 我 在 故宫 照 的。
Zhāng Lì: Zhè shì wǒ zài Gùgōng zhào de.

艾娜： 故宫 在哪儿?
Àinà: Gùgōng zài nǎr?

张丽： 在 天安门 北边。它是北京 的 名胜 古迹之一，非常 有名。
Zhāng Lì: Zài Tiān'ānmén běibian. Tā shì Běijīng de míngshèng gǔjì zhī yī, fēicháng yǒumíng.

艾娜： 看来 北京 是个既现代 又古老的 城市。
Àinà: Kànlái Běijīng shì ge jì xiàndài yòu gǔlǎo de chéngshì.

## (二) 分步任务活动  Perform the Tasks Step by Step

### 1  听听说说  Listen and say

**小组活动**：轮流从下表中任选一词，用动词重叠的形式向其他同学发出指令，大家听到后迅速做出反应。

**Group work:** Take turns to choose a word from the following box and use the reduplicative form of the verb to give an instruction to your classmates. After hearing it, the other students are supposed to make responses quickly.

| 看 | 听 | 试 | 尝 | 休息 | 学习 | 锻炼 | 说 | 介绍 | 打扫 |
|---|---|---|---|---|---|---|---|---|---|
| kàn | tīng | shì | cháng | xiūxi | xuéxí | duànliàn | shuō | jièshào | dǎsǎo |

**例**
A: 给我 介绍 介绍 北京 吧。
   Gěi wǒ jièshào jièshào Běijīng ba.
B: 北京 是个既现代 又古老的 城市。
   Běijīng shì ge jì xiàndài yòu gǔlǎo de chéngshì.

**小组活动**：说说将来退休以后，你希望做什么。

**Group work:** Talk about your plan for future life after retirement.

**例**
退休以后，我希望 每天 看看 书，
Tuìxiū yǐhòu, wǒ xīwàng měi tiān kànkan shū,
听听 音乐，打打高尔夫球……
tīngting yīnyuè, dǎda gāo'ěrfū qiú……

# New Target Chinese Spoken Language (3)

## 2 "之一"吧  The 之一 Bar

**两人活动** 用"……是……之一，……"介绍一下下列图片中的地方、人、物。

**Pair work:** Please use "……是……之一" to talk about the places, person and articles in the following pictures.

**小组活动** 用"……是……之一，……"介绍你们国家或你所知道的人、地方、事物。

**Group work:** Use "……是……之一，……" to make a presentation about your country or somebody, some place, something you know.

## （三）综合任务活动  Comprehensive Tasks

### 1 介绍北京  An introduction of Beijing

**单人活动** 根据课文介绍一下北京。

**Individual work:** Please talk about Beijing based on the text.

> 北京是一个……，在北京有很多……。除了……以外，北京还有很多……，比如（such as）北京的胡同。有的胡同真够……的，不过别看……，……可……着呢。北京还有很多有名的……，北京的故宫就是北京……之一，非常有名。
>
> Běijīng shì yí ge……, zài Běijīng yǒu hěn duō……. Chúle……yǐ wài, Běijīng hái yǒu hěn duō……, bǐrú Běijīng de hútòng. Yǒu de hútòng zhēn gòu……de, búguò bié kàn……, ……kě……zhene. Běijīng hái yǒu hěn duō yǒumíng de……, Běijīng de Gùgōng jiù shì Běijīng……zhī yī, fēicháng yǒumíng.

# Unit 2　Talking about Hometown

## 2　最喜欢的城市　My favorite city

**两人活动：** 除了你的家乡以外，你最喜欢哪个城市？请用学到的词语介绍一下这个城市。

**Pair work:** Besides your hometown, which city do you like the most? Please use the words you've learned to talk about it.

上海
Shànghǎi

台北
Táiběi

纽约
Niǔyuē

威尼斯
Wēinísī

巴黎
Bālí

悉尼
Xīní

| 城市 chéngshì | 特点 tèdiǎn |
|---|---|
| 北京 Běijīng | 有很多高楼大厦，还有很多名胜古迹……<br>Yǒu hěn duō gāo lóu dàshà, hái yǒu hěn duō míngshèng gǔjì…… |
|  |  |

**例**　我最喜欢的城市是<u>北京</u>，因为……，<u>北京</u>有……，
Wǒ zuì xǐhuan de chéngshì shì Běijīng, yīnwèi……, Běijīng yǒu……,
北京是个<u>既古老又现代</u>的城市，我非常喜欢它。
Běijīng shì ge jì gǔlǎo yòu xiàndài de chéngshì, wǒ fēicháng xǐhuan tā.

**3  介绍家乡**  An introduction of somebody's hometown

**小组活动**：介绍一下自己的家乡。

**Group work:** Please talk about your hometown.

提示：
Clues:
> 你的家乡是个什么样的地方？有哪些有名、有特点的地方？有有名的食品吗？
>
> What is your hometown like? What are the places it is famous for? Is there any food well-known there?

**4  住在大城市还是住在小镇？**  To live in a big city or in a small town?

**班级活动**：每位同学先尽量多地写出住在大城市和住在小镇的优点和缺点，然后全班一起进行讨论或辩论。

**Class activity:** Every student is required to write as many as possible the advantages and disadvantages of living in a big city/small town. Then the whole class has a discussion or dcbatc about it.

|  | 大城市 dà chéngshì | 小镇 xiǎo zhèn |
|---|---|---|
| 优点 yōudiǎn<br>Advantages |  |  |
| 缺点 quēdiǎn<br>Disadvantages |  |  |

## 四 语法点注释  GRAMMAR NOTES

**1  动词重叠**  Reduplication of a verb

汉语里有些动词可以重叠，表示动作经历的时间短或轻松、随便；有时也表示尝试或有礼貌。单音节动词重叠的形式是"AA"或"A—A"，如"看（一）看""听（一）听""说（一）说"。双音节动词重叠的形式是"ABAB"，不能表示为"AB—AB",如"介绍介绍""休息休息",不能表示为"介绍一介绍""休息一休息"。

In Chinese, some verbs can be reduplicated to indicate an action is short, easy or casual; sometimes it also indicates a try or shows courtesy. The reduplicative form of a monosyllabic verb is "AA" or "A 一 A", for example, "看（一）看", "听（一）听", "说（一）说". The reduplicative form of a disyllabic verb is "ABAB" rather than "AB 一 AB", for example, "介绍介绍", "休息休息", but not "介绍一介绍", "休息一休息".

① 我 能 看看 你的书 吗?
　 Wǒ néng kànkan nǐ de shū ma?

② 我们 休息 休息 吧。
　 Wǒmen xiūxi xiūxi ba.

动词重叠后不能再带补语。我们不说"我看看一下"。

If a verb is reduplicated, it is not followed by a complement. "我看看一下" is wrong.

动词重叠后带宾语时,若宾语前有数量词语做定语,这个数量词语应该是定指的,而不能是不确定的量。我们不说"我看看一本书",而应该说"我看看那本书"。

When a verb is reduplicated and followed by an object, and there is a quantifier used before the object as an attributive, the quantifier should refer to something definite rather than something indefinite. "我看看那本书" is correct, but "我看看一本书" is wrong.

## 2　够……的　The structure 够……的

"够……的"结构可以用来强调程度很高。例如：
The structure "够……的" is used to stress the degree is high, e.g.,

① 汉语 真 够 难 的。
　 Hànyǔ zhēn gòu nán de.

② 今天 够 冷 的。
　 Jīntiān gòu lěng de.

③ 从 这儿到那儿可够 远 的。
　 Cóng zhèr dào nàr kě gòu yuǎn de.

## 3　别看……, ……可……　The structure 别看……, ……可……

"别看……, ……可……"常用来承认别人的观点,但也提出不同的观点。例如：
The structure "别看……, ……可……" is used to agree to others' opinion, but also raise up a different opinion, e.g.,

① 别 看 她 是 美国 人, 她 汉语 可 好 了。
　 Bié kàn tā shì Měiguó rén, tā Hànyǔ kě hǎo le.

② 别 看 房间 很 小, 可 舒服 了。
　 Bié kàn fángjiān hěn xiǎo, kě shūfu le.

## 五 学习后任务 REVIEW TASKS

上网查查中国的上海，写一篇介绍上海的小文章。
Search information online about Shanghai, China and write an article about it.

| | | 上 | 海 | 是 | 个 | 既 | 古 | 老 | 又 | 现 | 代 | 的 | 城 |
| - | - | - | - | - | - | - | - | - | - | - | - | - | - |
| 市 | 。 | | | | | | | | | | | | |
| | | | | | | | | | | | | | |
| | | | | | | | | | | | | | |
| | | | | | | | | | | | | | |

## 六 自我评估 SELF-EVALUATION

**1** 你认识这些生词吗 Do you know these new words

请在你认识的生词前打✓，然后数一下你认识的生词数。
Please tick ✓ before the words you know, and then count them.

☐ 家乡 ☐ 城市 ☐ 农村 ☐ 郊区 ☐ 小镇 ☐ 现代化
☐ 大厦 ☐ 商业 ☐ 中心 ☐ 一半 ☐ 胡同 ☐ 国际
☐ 都市 ☐ 之一 ☐ 故事 ☐ 俗话 ☐ 古老 ☐ 看来
☐ 可 ☐ 张 ☐ 照片

认识 18~21 个：太棒了！
Knowing 18-21 words: Wonderful!

认识 14~17 个：不错，要更加努力。
Knowing 14-17 words: Good. Please make more efforts.

认识 14 个以下：得复习复习。加油啊！
Knowing fewer than 14 words: Please review the lesson.

# Unit 2　Talking about Hometown

**2** 选一选，测一测　Choose and test

在正确的句子或合适的答句前打✓，看看你语法学得怎么样。
Tick ✓ before the right sentences or answers to check how well you have learned the grammar.

① 你看，这是北京的胡同。
　Nǐ kàn, zhè shì Běijīng de hútòng.

　A：这 胡同 可 真 够 窄 的。[→②]
　　　Zhè hútòng kě zhēn gòu zhǎi de.

　B：这 胡同 窄 的。[→③]
　　　Zhè hútòng zhǎi de.

② 这个 房间 真 小。
　Zhège fángjiān zhēn xiǎo.

　A：别 看 房间 小，住 在 里面 可 舒服 了。[→⑤]
　　　Bié kàn fángjiān xiǎo, zhù zài lǐmian kě shūfu le.

　B：别 看 舒服，房间 可 小 了。[→④]
　　　Bié kàn shūfu, fángjiān kě xiǎo le.

③ 明天 我 想 去 长城。
　Míngtiān wǒ xiǎng qù Chángchéng.

　A：从 这儿 到 长城 可 够 远 的。[→②]
　　　Cóng zhèr dào Chángchéng kě gòu yuǎn de.

　B：从 这儿 到 长城 够 远。[→D]
　　　Cóng zhèr dào Chángchéng gòu yuǎn.

④ 这 胡同 真 够 窄 的！
　Zhè hútòng zhēn gòu zhǎi de!

　A：别 看 它 窄，里面 的 故事 可 多 着 呢。[→⑤]
　　　Bié kàn tā zhǎi, lǐmian de gùshi kě duō zhene.

　B：别看 故事 多，它 很 窄。[→C]
　　　Biékàn gùshi duō, tā hěn zhǎi.

⑤ A：你 给 我们 介绍 介绍 故宫 吧。[→A]
　　　Nǐ gěi wǒmen jièshào jièshào Gùgōng ba.

　B：你 给 我们 介绍 介绍 一下 故宫 吧。[→B]
　　　Nǐ gěi wǒmen jièshào jièshào yíxià Gùgōng ba.

# New Target Chinese Spoken Language (3)

A. 太棒了，你的语法学得非常好！
Wonderful, You have learned the grammar very well!

B. 你的语法学的不错。不过要注意动词重叠后不能带补语。再做一遍第⑤题吧。
You have learned the grammar well. However, please note that when a verb is reduplicated, it is not followed by a complement. Please do question ⑤ again.

C. "别看……，……可……"常用来承认别人的观点，但也提出不同的观点。"别看"后面是别人的观点。现在你明白了吗？再做一遍第②和第④题吧。
"别看……，可……" is often used to admit what somebody said is right, but also put forward a contrasting view. "别看" is followed by others' opinion. Understand now? Please do questions ② and ④ again.

D. 注意"够……的"的用法。详见语法注释2。现在你明白了吗？再做一遍第①和第③题吧。
Pay attention to the usage of "够……的" and refer to Grammar Note 2 for more details. Understand now? Please do questions ① and ③ again.

# 文化小贴士 CULTURAL NOTES

## （一）你知道吗 Do You Know

### 北京 Beijing

北京市简称京，是中华人民共和国的首都，是全国政治、文化和国际交流中心。北京常住人口2000多万，居中国第二。北京有着3000余年的建城史和850余年的建都史，是"中国四大古都"之一，是全球拥有世界文化遗产最多的城市。今天的北京拥有21家世界500强企业总部，位居全球第一。

Beijing, abbreviated as Jing, is the capital of the People's Republic of China and the country's political, cultural and international communication center. Its permanent population has totaled over 20 million, ranking the 2nd in China. Known as one of the Four Ancient Chinese Capitals and having the largest number of the world cultural heritage sites in the world, it was built more than 3,000 years ago and has a history of over 850 years as the capital of the country. Today, Beijing has the headquarters of 21 of the World Top 500 Enterprises, ranking the first in the world.

## （二）图片看中国 China in Pictures

北京的胡同
Běijīng de hútòng
A bystreet in Beijing

上海外滩
Shànghǎi Wàitān
The Bund in Shanghai

贵州山区
Guìzhōu shānqū
A mountainous area in Guizhou

## 第三单元 Unit 3

# 谈生活习惯
## Talking about Lifestyle

| 话题<br>Topic | 谈论某人的生活习惯<br>Talking about somebody's lifestyle |
|---|---|
| 任务目标<br>Instructional Objectives | 能就自己或别人的生活习惯进行问答和讨论<br>Students can ask questions and answer them and talk about their or others' lifestyle. |
| 重点词语<br>Key Words | 习惯 xíguàn、夜猫子 yèmāozi、能够 nénggòu、按时 ànshí、<br>一日三餐 yí rì sān cān、规律 guīlǜ、加班 jiā bān、简直 jiǎnzhí、只好 zhǐhǎo |
| 重点语句<br>Key Sentences | 1. 就拿作息时间来说，以前，我早上8点起床，晚上经常加班或陪客户，一般12点半左右才睡觉。Jiù ná zuòxī shíjiān lái shuō, yǐqián, wǒ zǎoshang bā diǎn qǐ chuáng, wǎnshang jīngcháng jiā bān huò péi kèhù, yìbān shí'èr diǎn bàn zuǒyòu cái shuì jiào.<br>2. 因为8点要上课，所以我每天6点半就要起床。Yīnwèi bā diǎn yào shàng kè, suǒyǐ wǒ měi tiān liù diǎn bàn jiù yào qǐ chuáng.<br>3. 这对我来说简直太难了。Zhè duì wǒ lái shuō jiǎnzhí tài nán le.<br>4. 为了能够按时到校，我只好11点就睡觉。Wèile nénggòu ànshí dào xiào, wǒ zhǐhǎo shíyī diǎn jiù shuì jiào.<br>5. 慢慢地，我习惯了早睡早起。Mànmàn de, wǒ xíguànle zǎo shuì zǎo qǐ. |
| 语法点<br>Grammar Points | 1. 因果复句：因为……，所以…… Cause-effect compound sentence: 因为……，所以……<br>2. 目的复句：为了……，…… Compound sentence of purpose: 为了……，……<br>3. "地""得""的"的区别 Difference between "地"，"得" and "的" |

# New Target Chinese Spoken Language (3)

## 导入　WARM-UP

你有哪些生活习惯？能用汉语介绍一下吗？
Nǐ yǒu nǎxiē shēnghuó xíguàn? Néng yòng Hànyǔ jièshào yíxià ma?

What is your lifestyle? Can you talk about it in Chinese?

## 一　头脑风暴　BRAINSTORM

习惯 xíguàn habits

- 生活习惯 shēnghuó xíguàn lifestyle
  - 作息时间 zuòxī shíjiān — daily schedule
    - 早睡早起 zǎo shuì zǎo qǐ — early to bed and early to rise
    - 夜猫子 yèmāozi — people who go to bed late
    - 熬夜 áo yè — to stay up late

- 饮食习惯 yǐnshí xíguàn eating habits
  - 喝茶/咖啡 hē chá/kāfēi — tea/coffee
  - 八成饱 bāchéng bǎo — 80% full
  - 口味清淡 kǒuwèi qīngdàn — light (of one's taste)
  - 口味重 kǒuwèi zhòng — heavy taste (of one's taste)
  - 素食主义 sùshí zhǔyì — vegetarianism

- 工作习惯 gōngzuò xíguàn work habits
  - 加班 jiā bān — to overwork
  - 陪客户 péi kèhù — with clients

- 学习习惯 xuéxí xíguàn study habits
  - 复习 fùxí — to review
  - 预习 yùxí — to preview
  - 按时 ànshí — on time
    - 上课 shàng kè — to attend class
    - 做作业 zuò zuòyè — to do one's homework

# Unit 3　Talking about Lifestyle

## 生词总动员　WORD POWER

### 1　有理有据　Be well-grounded

**两人活动**：看看下面的说法，你同意吗？如果同意，用"拿……来说"举个例子。如果不同意说说自己的观点，也用"拿……来说"举个例子。

**Pair work:** Do you agree to the following statements? If you do, please give an example using "拿……来说". If you don't, please state your opinion and support it with an example also using "拿……来说".

> 例
>
> 要 改变一个习惯 简直太难了。
> Yào gǎibiàn yí ge xíguàn jiǎnzhí tài nán le.
>
> 一日三 餐 要规律，这对 健康 很 重要。
> Yí rì sān cān yào guīlǜ, zhè duì jiànkāng hěn zhòngyào.
>
> 有 时候 说 实话 并不是最好的选择。
> Yǒu shíhou shuō shíhuà bìng bú shì zuì hǎo de xuǎnzé.

### 2　因人而异　Differ from man to man

**小组活动**：说说下面这些事容易还是困难。

**Group work:** Discuss whether it is easy or not to do the following things.

| 事情 Something | 容易 Easy | 困难 Difficult |
|---|---|---|
| 早睡早起　zǎo shuì zǎo qǐ | | |
| 每天晚上12点以后睡觉<br>měi tiān wǎnshang shí'èr diǎn yǐhòu shuì jiào | | |
| 唱歌　chàng gē | | |
| 画画儿　huà huàr | | |
| 跳舞　tiào wǔ | | |
| 游泳　yóu yǒng | | |
| 按时吃饭　ànshí chī fàn | | |

> 例
>
> 对我来说，早睡早起容易极了/早睡早起简直太难了。
> Duì wǒ lái shuō, zǎo shuì zǎo qǐ róngyì jíle / zǎo shuì zǎo qǐ jiǎnzhí tài nán le.

# 生词大盘点 VOCABULARY LIST

| # | 词 | 拼音 | 词性 | 释义 |
|---|---|---|---|---|
| 1 | 生活 | shēnghuó | 名/动 | life; to live |
| 2 | 习惯 | xíguàn | 名/动 | habit; to be used to |
| 3 | 规律 | guīlǜ | 名 | regulation |
| 4 | 作息 | zuòxī | 动 | to work and rest |
| 5 | 实话 | shíhuà | 名 | truth |
| 6 | 客户 | kèhù | 名 | client |
| 7 | 夜猫子 | yèmāozi | 名 | people who go to bed late |
| 8 | 选择 | xuǎnzé | 动 | to choose, to select |
| 9 | 改变 | gǎibiàn | 动 | to change, to alter |
| 10 | 加班 | jiā bān | | to overwork |
| 11 | 成为 | chéngwéi | 动 | to become |
| 12 | 回 | huí | 动 | to come back |
| 13 | 能够 | nénggòu | 动 | can, to be able to |
| 14 | 健康 | jiànkāng | 形 | healthy |
| 15 | 重要 | zhòngyào | 形 | important, significant |
| 16 | 简单 | jiǎndān | 形 | simple |
| 17 | 典型 | diǎnxíng | 形/名 | typical, model |
| 18 | 简直 | jiǎnzhí | 副 | simply, just |
| 19 | 并 | bìng | 副 | (used before a negative for emphasis but with a tinge of refutation) actually, definitely |
| 20 | 一般 | yìbān | 形 | general |
| 21 | 才 | cái | 副 | just |
| 22 | 经常 | jīngcháng | 副 | often |
| 23 | 只好 | zhǐhǎo | 副 | to have to, to be forced to |
| 24 | 因为 | yīnwèi | 连 | because |
| 25 | 所以 | suǒyǐ | 连 | so |
| 26 | 为了 | wèile | 介 | for, in order to |
| 27 | 慢慢 | mànmàn | 形 | slow, gradual |
| 28 | 地 | de | 结构助词 | used after an adverbial adjunct |

# Unit 3  Talking about Lifestyle

| 29 | 对……来说 | duì……lái shuō | for (somebody/something), to (somebody/something) |
| 30 | 拿……来说 | ná……lái shuō | to take…as an example |
| 31 | 一日三餐 | yí rì sān cān | three meals a day |
| 32 | 有时候 | yǒu shíhou | sometimes |
| 33 | 爱上 | àishang  动 | to like, to love |
| 34 | 没想到 | méi xiǎngdào | unexpectedly |

## 三 任务及活动  TASKS AND ACTIVITIES

### （一）任务示范  Task Demonstration

这是李伟的日记   This is Li Wei's diary.

真 没 想 到， 工作了 8 年 之后，我 又 回到了 学校，
Zhēn méi xiǎngdào, gōngzuòle bā nián zhīhòu, wǒ yòu huídàole xuéxiào,
成为了 一名 学生。 说 实话，开始 时 还 真 有点儿 不太
chéngwéile yì míng xuésheng. Shuō shíhuà, kāishǐ shí hái zhēn yǒudiǎnr bú tài
习惯 学生 的 生活。
xíguàn xuésheng de shēnghuó.

就拿作息时间来说，以前， 我 早上 8 点起 床，
Jiù ná zuòxī shíjiān lái shuō, yǐqián, wǒ zǎoshang bā diǎn qǐ chuáng,
晚上 经常 加班 或 陪客户，一般 12 点半 左右 才 睡觉，
wǎnshang jīngcháng jiā bān huò péi kèhù, yìbān shí'èr diǎn bàn zuǒyòu cái shuì jiào,
是个 典型 的 夜猫子。 可是 在 学校， 因为 8 点 要 上 课，
shì ge diǎnxíng de yèmāozi. Kěshì zài xuéxiào, yīnwèi bā diǎn yào shàng kè,
所以我 每 天 6 点半 就要 起 床。这 对 我来说 简直 太 难
suǒyǐ wǒ měi tiān liù diǎn bàn jiù yào qǐ chuáng. Zhè duì wǒ lái shuō jiǎnzhí tài nán
了。为了 能够 按时 到 校，我 只好 11 点 就 睡觉。
le. Wèile nénggòu ànshí dào xiào, wǒ zhǐhǎo shíyī diǎn jiù shuì jiào.

慢慢 地，我 习惯了 早 睡早起。一日三 餐 的 时间 也 比
Mànmàn de, wǒ xíguànle zǎo shuì zǎo qǐ. Yí rì sān cān de shíjiān yě bǐ
以前规律了 很 多， 我 开始 爱上了 简单 的 学校 生活。
yǐqián guīlǜle hěn duō, wǒ kāishǐ àishangle jiǎndān de xuéxiào shēnghuó.

## （二）分步任务活动 Perform the Tasks Step by Step

### 1 目的何在 What is the purpose

**两人活动** 先看图猜猜图中人物这样做的目的是什么，用"为了……，……"进行描述。然后说说你自己学习汉语、工作等有什么目的。

**Pair work:** Look at the pictures. Guess and talk about why the persons in the pictures do what they are doing using "为了……，……" and then talk about your purpose of studying Chinese and of your work.

例　为了　能够　按时　到　校，我　只好　11　点　就　睡　觉。
　　Wèile nénggòu ànshí dào xiào, wǒ zhǐhǎo shíyī diǎn jiù shuì jiào.

### 2 最讨厌的借口 The excuses we hate the most

**班级活动** 用"因为……所以……"说说自己最讨厌听到的借口，选出班里三大最招人讨厌的借口。

**Class activity:** Tell the excuses you hate the most using "因为……所以……", and select 3 worst excuses in the class.

| 我们最讨厌的借口 |
| --- |
| The excuses we hate the most |
| 1. |
| 2. |
| 3. |

# Unit 3　Talking about Lifestyle

## 3　实话实说　Tell you the truth

**班级活动**：每个人在小纸条上用"说实话……"写一句真心话。收集纸条，每个人抽一张纸条，读出上面的话，同学们一起听听大家的实话。

**Class activity:** Every student is asked to describe his/her true feelings using "说实话……" and write it on a slip of paper. After all the slips of paper are collected, everyone is asked to draw out one of them and read it to the class.

## （三）综合任务活动　Comprehensive Tasks

### 1　工作、生活　Work and daily life

**表演活动**：李伟正在跟同事打电话。

**Role-play:** Li Wei and his colleague are talking on the phone.

李伟：你最近 工作 忙 吗？
Lǐ Wěi: Nǐ zuìjìn gōngzuò máng ma?

同事：……。你 怎么样？
tóngshì: ……. Nǐ zěnmeyàng?

李伟：……每 天……起 床。
Lǐ Wěi: …… měi tiān…… qǐ chuáng.

同事：这么 早？对我来 说…….
tóngshì: Zhème zǎo? Duì wǒ lái shuō…….

李伟：说 实话……
Lǐ Wěi: Shuō shíhuà……

同事：现在 怎么样？
tóngshì: Xiànzài zěnmeyàng?

李伟：……。
Lǐ Wěi: …….

## 2　介绍一个习惯　Talk about a habit

**小组活动**：相互介绍自己的一个习惯。

**Group work:** Please talk about one of your habits to your partner.

提示：
Clues:

> 你有什么习惯？这个习惯是从什么时候开始的？如果改变这个习惯，你觉得你会怎么样？
>
> What habit do you have? When did you begin to have it? If you change this habit, how would you feel?

## 3　习惯大联盟　Habits

**班级活动**：说说自己的习惯，找到和你习惯一样的人。看看哪种习惯是你们班的"大众习惯"。

**Class activity:** Talk about your own habit. Find the students who have the same habit as yours to see which habit is the one most of the students in your class have.

| 姓名<br>xìngmíng | 生活习惯<br>shēnghuó xíguàn | 学习习惯<br>xuéxí xíguàn | 其他习惯<br>qítā xíguàn |
|---|---|---|---|
| 我<br>wǒ | | | |
| | | | |
| | | | |
| | | | |
| | | | |
| | | | |

# Unit 3  Talking about Lifestyle

## 四 语法点注释  GRAMMAR NOTES

### 1 因果复句：因为……，所以……
**Cause-effect compound sentence: 因为……，所以……**

"因为……，所以……"是两个表示因果关系的分句。前一分句表示原因，后一分句表示结果。例如：

"因为……，所以……" connects two clauses indicating cause and effect, with the first one indicating the cause and the second one indicating the effect, e.g.,

① 因为他生病了，所以今天没去上课。
   Yīnwèi tā shēng bìng le, suǒyǐ jīntiān méi qù shàng kè.

② 因为这几天一直下雨，所以我们不得不推迟了这次行程。
   Yīnwèi zhè jǐ tiān yìzhí xià yǔ, suǒyǐ wǒmen bù dé bù tuīchíle zhè cì xíngchéng.

### 2 目的复句：为了……，……
**Compound sentence of purpose: 为了……，……**

"为了……，……"中的"为了……"表示目的，可以用在第一分句，也可以用在第二分句，即"……，为了……"。例如：

In "为了……，……", "为了……" indicates the purpose and is either used in the first clause or the second clause, i.e., "……，为了……", e.g.,

① 为了学好汉语，大龙来到中国。
   Wèile xuéhǎo Hànyǔ, Dàlóng láidào Zhōngguó.

② 大龙来到中国，为了学好汉语。
   Dàlóng láidào Zhōngguó, wèile xuéhǎo Hànyǔ.

注意："为了"与"因为"不同，"因为"表示原因，是前提条件；而"为了"表示目的，不是前提条件，而是要得到的结果。

Note: "为了" is not equivalent to "因为". "因为" indicates the reason, showing the prerequisite; while "为了" indicates the purpose, showing the result, not the prerequisite.

## 3 "地""得""的"的区别　Difference between "地", "得" and "的"

"地""得""的"都是结构助词，但用法不同。"地"用在状语后边，"得"用在动词或形容词的后边、补语的前边，而"的"则用在定语后边。例如：

"地","得" and "的" are structural particles with different usages. "地" is used after an adverbial, "得" is used after a verb or an adjective and before a complement, while "的" is used after an attributive, e.g.,

① 慢慢 地，我习惯了早 睡 早起。
　 Mànmàn de,  wǒ xíguànle zǎo shuì zǎo qǐ.

② 她 高兴 地 说："这 真 是太 好 了！"
　 Tā gāoxìng de shuō: "Zhè zhēn shì tài hǎo le!"

③ 她 每 天 睡 得 很 晚，起 得 很 早。
　 Tā měi tiān shuì de hěn wǎn, qǐ de hěn zǎo.

④ 那 时候 的 我 是 个 典型 的 夜猫子。
　 Nà shíhou de wǒ shì ge diǎnxíng de yèmāozi.

## 五 学习后任务　REVIEW TASKS

问问3~4个你的朋友，他们有什么习惯，用汉语写份报告。
Please ask 3 to 4 of your friends about their habits and write a report in Chinese.

**提示：**
**Clues:**

你的朋友们有什么习惯？这个习惯是从什么时候开始的？如果改变这个习惯他觉得会怎么样？你觉得这个习惯怎么样，为什么？

What are your friends' habits? When did they begin to have their habits? If they change their habits, how would they feel? How do you feel about their habits and why?

# Unit 3　Talking about Lifestyle

## 六　自我评估　SELF-EVALUATION

### 1　你认识这些生词吗　Do you know these new words

请在你认识的生词前打√，然后数一下你认识的生词数。
Please tick √ before the words you know, and then count them.

☐ 生活　☐ 习惯　☐ 规律　☐ 客户　☐ 加班　☐ 能够
☐ 健康　☐ 选择　☐ 因为　☐ 所以　☐ 才　☐ 简直
☐ 只好　☐ 并　☐ 一般　☐ 为了　☐ 爱上　☐ 拿……来说

认识15~18个：太棒了！
Knowing 15-18 words: Wonderful!

认识10~14个：不错，要更加努力。
Knowing 10-14 words: Good. Please make more efforts.

认识10个以下：得复习复习。加油啊！
Knowing fewer than 10 words: Please review the lesson.

### 2　选一选，测一测　Choose and test

在正确的句子或合适的答句前打√，看看你语法学得怎么样。
Tick √ before the right sentences or answers to check how well you have learned the grammar.

① 你 昨天 怎么 没来 上课？
Nǐ zuótiān zěnme méi lái shàng kè?

　A. 因为 我 发烧 了，所以 昨天 没来 上课。[→②]
　　 Yīnwèi wǒ fā shāo le, suǒyǐ zuótiān méi lái shàng kè.

　B. 因为 我 昨天 没来 上课，所以 我 发烧 了。[→③]
　　 Yīnwèi wǒ zuótiān méi lái shàng kè, suǒyǐ wǒ fā shāo le.

② 你决定了吗？
Nǐ juédìng le ma?

A. 决定了。为了学好汉语，我一定要去中国。[→⑤]
Juédìng le. Wèile xué hǎo Hànyǔ, wǒ yídìng yào qù Zhōngguó.

B. 决定了。学好为了汉语，我一定要去中国。[→④]
Juédìng le. Xuéhǎo wèile Hànyǔ, wǒ yídìng yào qù Zhōngguó.

③ 上个周末你去长城了吗？
Shàng ge zhōumò nǐ qù Chángchéng le ma?

A. 因为上周末下雨了，所以我们改在这周末去了。[→②]
Yīnwèi shàng zhōumò xià yǔ le, suǒyǐ wǒmen gǎi zài zhè zhōumò qù le.

B. 因为去长城，所以下雨了。[→D]
Yīnwèi qù Chángchéng, suǒyǐ xià yǔ le.

④ A. 为了早上能够按时到校，我每天晚上11点就睡了。[→⑤]
Wèile zǎoshang nénggòu ànshí dào xiào, wǒ měi tiān wǎnshang shíyī diǎn jiù shuì le.

B. 为了每天晚上11点就睡了，我早上能够按时到校。[→C]
Wèile měi tiān wǎnshang shíyī diǎn jiù shuì le, wǒ zǎoshang nénggòu ànshí dào xiào.

⑤ A. 他每天都早早的来到学校。[→B]
Tā měi tiān dōu zǎozǎo de lái dào xuéxiào.

B. 他每天都早早地来到学校。[→A]
Tā měi tiān dōu zǎozǎo de lái dào xuéxiào.

A. 太棒了，你语法学得非常好！
Wonderful, you have learned the grammar very well!

B. 你的语法学得不错。不过要注意"地"和"的"的区别，在状语后边、动词前边应该用"地"。再做一遍第⑤题吧。

Good job! Your grammar is good. However, you need to pay attentioan to the difference between "地" and "的". After an adverbial adjunct and in front a verb, we need to use "地". Please do question ⑤ again.

C. 注意"为了"的用法，详见语法点注释2。现在你明白了吧？请再做一遍第②和第④题吧。

Pay attention to the usage of "为了". Refer to Grammar Note 2 for more details. Please do questions ② and ④ again.

D. 注意"因为……所以……"的用法，详见语法点注释2。现在你明白了吗？再做一遍第①和第③题吧。

Pay attention to the usage of the structure "因为……所以……". Refer to Grammar Note 2 for more details. Please do questions ① and ③ again.

## 文化小贴士 CULTURAL NOTES

### （一）你知道吗 Do You Know

#### 中国和茶 China and Tea

中国是产茶大国，茶文化对中国人的生活习惯具有深远的影响，茶是很多中国人家庭日常生活中必需的东西。中国人喝茶大都讲究四季有别，即：春饮花茶，夏饮绿茶，秋饮青茶，冬饮红茶。

China is one of the largest tea-producing countries and tea culture has profound influence on Chinese people's habits and customs. Tea is one of the daily necessities in many Chinese families. Most Chinese people drink different types of tea in different seasons: they drink flower tea in spring, green tea in summer, oolong tea in autumn and black tea in winter.

### （二）图片看中国 China in Pictures

打麻将
dǎ májiàng
Playing mahjong

京剧票友
jīngjù piàoyǒu
Beijing opera fans

下象棋
xià xiàngqí
Playing Chinese chess

# 第四单元
# Unit 4

# 谈住房
## Talking about Housing

| | |
|---|---|
| **话题**<br>Topic | 谈论家居环境<br>Talking about the layout and surroundings of a house |
| **任务目标**<br>Instructional Objectives | 能简单说明房屋的格局和周围的环境，能简单说明某地地址<br>Students can briefly describe the layout and surroundings of a house and give the address of a place. |
| **重点词语**<br>Key Words | 房（子）fáng(zi)、楼 lóu、层 céng、房间 fángjiān、房租 fángzū、住 zhù、地址 dìzhǐ、客厅 kètīng、卧室 wòshì、厨房 chúfáng、床 chuáng、冰箱 bīngxiāng |
| **重点语句**<br>Key Sentences | 1. 这套房子是上下两层的。Zhè tào fángzi shì shàng xià liǎng céng de.<br>2. 楼上有三个房间。Lóu shàng yǒu sān ge fángjiān.<br>3. 厨房在客厅旁边。Chúfáng zài kètīng pángbiān.<br>4. 沙发、床、电视、冰箱、洗衣机……什么都有。Shāfā、chuáng、diànshì、bīngxiāng、xǐyījī……shénme dōu yǒu. |
| **语法点**<br>Grammar Points | 1. 存在句　Sentence indicating existence<br>2. "的"字短语　The "的" phrase<br>3. 什么（+名词）都……　The structure 什么（+noun）都…… |

# New Target Chinese Spoken Language (3)

## 导入　WARM-UP

现在你住在哪儿？你住的地方怎么样？
Xiànzài nǐ zhù zài nǎr? Nǐ zhù de dìfang zěnmeyàng?
Where do you live? How is your residence?

## 一　头脑风暴　BRAINSTORM

宿舍 sùshè dormitory
公寓 gōngyù apartment
别墅 biéshù villa

类型 lèixíng type

房子 fángzi house

房间 fángjiān room

客厅 kètīng living room
卧室 wòshì bedroom
厨房 chúfáng kitchen
餐厅 cāntīng dining room
书房 shūfáng study
卫生间 wèishēngjiān bathroom, toilet

省 shěng province
市 shì city
区 qū district
路 lù road
街 jiē street

地址 dìzhǐ address

小区 xiǎoqū community
楼 lóu (storied) building
单元 dānyuán unit
层 céng floor

# Unit 4 Talking about Housing

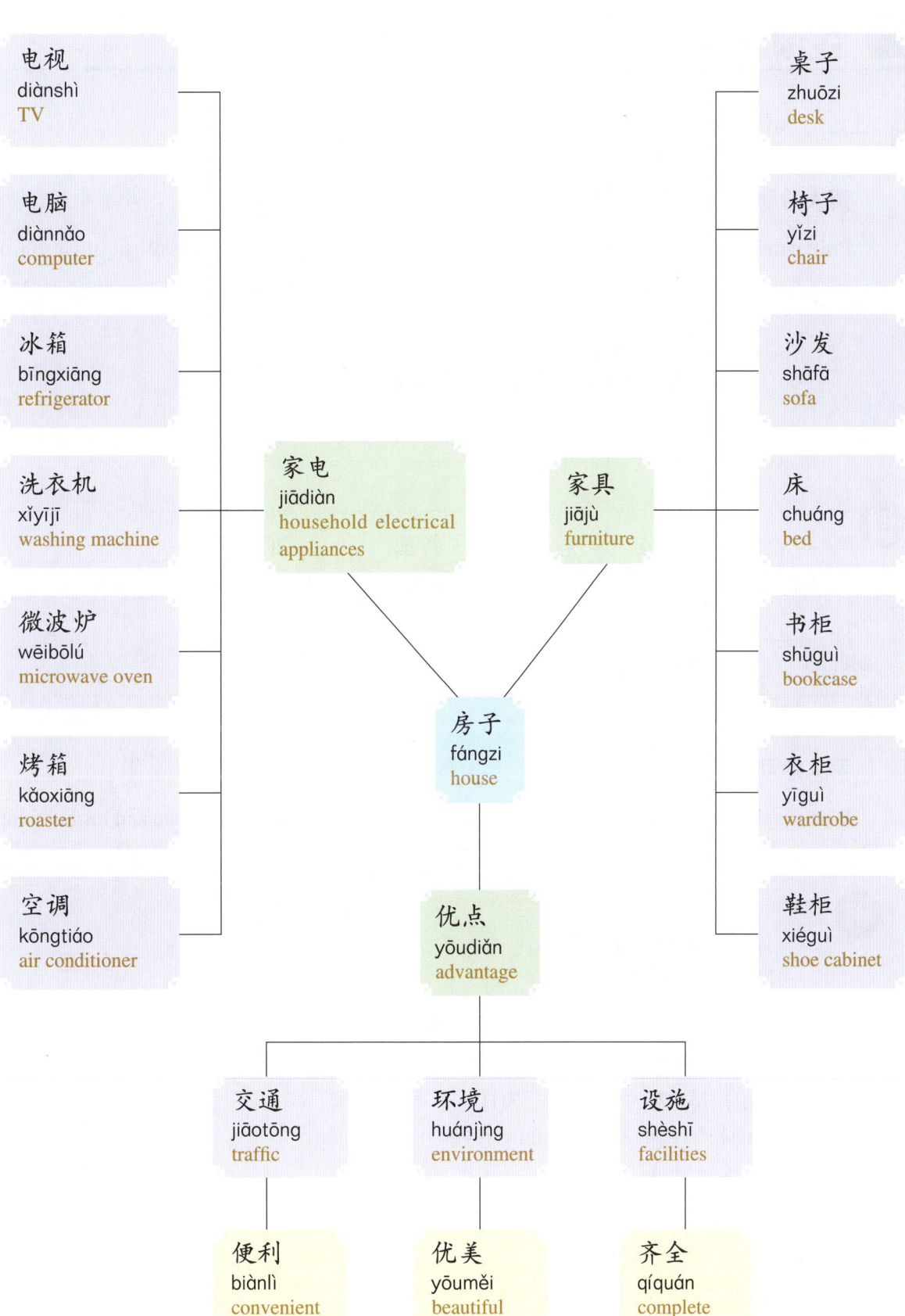

# New Target Chinese Spoken Language (3)

## 二 生词总动员 WORD POWER

**1 住址** Address

**两人活动** 将下列生词按范围由大到小排列，写在下面的横线上，并填空。

**Pair work:** Rearrange the following new words in descending order. Write them on the following lines and fill in the blanks.

> 楼、 层、 路、 小区、 房间、 单元
> lóu、 céng、 lù、 xiǎoqū、 fángjiān、 dānyuán
> 
> _____

**例**

> 现在 艾娜住在 学院_____新园_____20 号_____3_____
> Xiànzài Àinà zhù zài Xuéyuàn_____Xīnyuán_____èrshí hào_____sān_____
> 
> 28_____ 2801 号_____。
> èrshíbā_____ èr bā líng yāo hào_____.

**两人活动** 介绍一下你的住址，并了解一下同学及家人现在住在哪里。

**Pair work:** Tell your home address and learn the address of your classmate and his/her family members.

**例**

> A: 你住在哪儿？
> Nǐ zhù zài nǎr?
> 
> B: 我 住在 北京 语言 大学 留学生
> Wǒ zhù zài Běijīng Yǔyán Dàxué liúxuéshēng
> 宿舍楼 20 号楼 301 号 房间。
> sùshè lóu èrshí hào lóu sān líng yāo hào fángjiān.
> 
> A: 那你哥哥呢？
> Nà nǐ gēge ne?
> 
> B: 他住在 朝阳 区。
> Tā zhù zài Cháoyáng Qū.

# Unit 4  Talking about Housing

## 2 家具和家电  Furniture and electrical appliances

**两人活动**：将以下物品与其通常所在的房间连接起来（不一定一一对应），说说你的家具和家电在哪儿。

**Pair work:** Match the following articles with the rooms where they are usually found (Note: An object may be in multiple rooms). Tell others where your furniture and electrical appliances are.

| 电视 diànshì | 客厅 kètīng | 电话 diànhuà |
| --- | --- | --- |
| 冰箱 bīngxiāng | 卧室 wòshì | 沙发 shāfā |
| 洗衣机 xǐyījī | 厨房 chúfáng | 床 chuáng |
| 微波炉 wēibōlú | 餐厅 cāntīng | |
| | 书房 shūfáng | |
| | 卫生间 wèishēngjiān | |

**例**
A：电视 在哪儿？　　B：电视 在客厅。
　　Diànshì zài nǎr?　　　Diànshì zài kètīng.

## 生词大盘点  VOCABULARY LIST

| 1 | 房（子） | fáng(zi) | 名 | house |
| 2 | 楼 | lóu | 名 | (storied) building |
| 3 | 小区 | xiǎoqū | 名 | community |
| 4 | 单元 | dānyuán | 名 | unit |
| 5 | 留学生 | liúxuéshēng | 名 | international student |
| 6 | 宿舍 | sùshè | 名 | dormitory |

# New Target Chinese Spoken Language (3)

| 7 | 客厅 | kètīng | 名 | living room |
| 8 | 卧室 | wòshì | 名 | bedroom |
| 9 | 书房 | shūfáng | 名 | study |
| 10 | 厨房 | chúfáng | 名 | kitchen |
| 11 | 卫生间 | wèishēngjiān | 名 | bathroom, toilet |
| 12 | 家具 | jiājù | 名 | furniture |
| 13 | 家电 | jiādiàn | 名 | household electrical appliances |
| 14 | 沙发 | shāfā | 名 | sofa |
| 15 | 床 | chuáng | 名 | bed |
| 16 | 冰箱 | bīngxiāng | 名 | refrigerator |
| 17 | 洗衣机 | xǐyījī | 名 | washing machine |
| 18 | 电话 | diànhuà | 名 | telephone |
| 19 | 房租 | fángzū | 名 | rent (for a house, flat, etc.) |
| 20 | 旁边 | pángbiān | 名 | beside |
| 21 | 地址 | dìzhǐ | 名 | address |
| 22 | 套 | tào | 量 | set, suit |
| 23 | 位 | wèi | 量 | a measure word for persons |
| 24 | 住 | zhù | 动 | to live |
| 25 | 出租 | chūzū | 动 | to rent, to lease |
| 26 | 问 | wèn | 动 | to ask, to inquire |
| 27 | 告诉 | gàosu | 动 | to tell |
| 28 | 记 | jì | 动 | to write down, to keep a record of |
| 29 | 喂 | wèi | 叹 | (an interjection) hello |

## 专有名词 Proper Nouns

| 1 | 海淀区 | Hǎidiàn Qū | Haidian District (of Beijing) |
| 2 | 学院路 | Xuéyuàn Lù | Xueyuan Road (of Beijing) |
| 3 | 新园小区 | Xīnyuán Xiǎoqū | Xinyuan, a community |
| 4 | 朝阳区 | Cháoyáng Qū | Chaoyang District (of Beijing) |

# Unit 4　Talking about Housing

## 三　任务及活动　TASKS AND ACTIVITIES

### （一）任务示范　Task Demonstration

**故事场景**：艾娜在网上看到一个租房广告，她给房东打电话。

**The scene of the story:** Edna surfed the Internet and found a rental advertisement. She is making a call to the landlord.

艾娜：喂，您好！王先生吗？
Àinà: Wèi, Nín hǎo! Wáng xiānsheng ma?

王先生：是我。您是哪位？
Wáng xiānsheng: Shì wǒ. Nín shì nǎ wèi?

艾娜：我叫艾娜。听说您正在出租房子，我想问一下，您的房子有几个房间？
Àinà: Wǒ jiào Àinà. Tīngshuō nín zhèngzài chūzū fángzi, wǒ xiǎng wèn yíxià, nín de fángzi yǒu jǐ ge fángjiān?

王先生：这套房子是上下两层的，楼下是客厅，楼上有三个房间，南边两个是卧室，北边是书房。
Wáng xiānsheng: Zhè tào fángzi shì shàng xià liǎng céng de, lóu xià shì kètīng, lóu shàng yǒu sān ge fángjiān, nánbian liǎng ge shì wòshì, běibian shì shūfáng.

艾娜：厨房在哪儿？
Àinà: Chúfáng zài nǎr?

王先生：厨房在客厅旁边。
Wáng xiānsheng: Chúfáng zài kètīng pángbiān.

艾娜：卫生间在一层吗？
Àinà: Wèishēngjiān zài yī céng ma?

王先生：一层有一个，二层有一个。
Wáng xiānsheng: Yī céng yǒu yí ge, èr céng yǒu yí ge.

艾娜：家具和家电都有吗？
Àinà: Jiājù hé jiādiàn dōu yǒu ma?

王先生：有，沙发、床、电视、冰箱、洗衣机……什么都有。
Wáng xiānsheng: Yǒu, shāfā, chuáng, diànshì, bīngxiāng, xǐyījī…… shénme dōu yǒu.

艾　娜：要是租一年的话，房租是多少？
Àinà: Yàoshi zū yì nián dehuà, fángzū shì duōshao?

王先生：每个月8000。
Wáng xiānsheng: Měi ge yuè bāqiān.

艾　娜：我想去看看，您能告诉我一下地址吗？
Àinà: Wǒ xiǎng qù kànkan, nín néng gàosu wǒ yíxià dìzhǐ ma?

王先生：好，您记一下：学院路新园小区20号楼2803号。
Wáng xiānsheng: Hǎo, nín jì yíxià: Xuéyuàn Lù Xīnyuán Xiǎoqū èrshí hào lóu èr bā líng sān hào.

艾　娜：谢谢。去以前我给您打电话。
Àinà: Xièxie. Qù yǐqián wǒ gěi nín dǎ diànhuà.

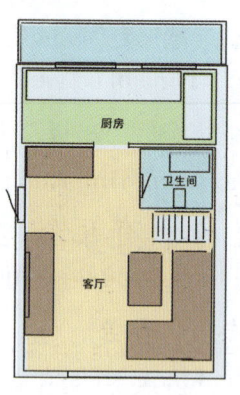 一层
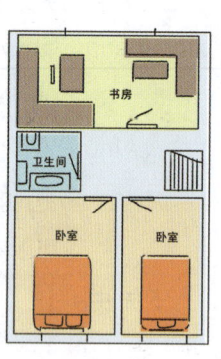 二层

## （二）分步任务活动　Perform the Tasks Step by Step

### 1　描述物品　Describe something

**两人活动**：根据图片用"的"字结构描述物品的特点。

**Pair work:** Look at the pictures and describe the characteristics of the objects using the "的" grammar structure.

# Unit 4 Talking about Housing

**班级活动**：请几位同学每人往一个大口袋里放一样东西，比如笔、书、本子、可口可乐等。一名同学避开大家视线，摸出一种东西后让同学们猜这是什么、是谁的。同学们可以轮流用"这是……的吗？"提问，这位同学只能回答"这是……的"或者"这不是……的"，先猜对的获胜。

**Class activity:** Ask some students to put something into a big bag, such as a pen, a book, a notebook, Coca-Cola, etc. Taking one piece out, a student keeps others out of sight and asks others to guess what and whose it is. His classmates are required to use the structure "这是……的吗？" to ask him what he is holding, while he can only reply using "这是……的" or "这不是……的". The student who makes the correct guess first, wins.

**例**

A: 这是吃的吗？
Zhè shì chī de ma?
B: 这不是吃的。
Zhè bú shì chī de.

A: 这是大的吗？
Zhè shì dà de ma?
B: 这是大的。
Zhè shì dà de.

A: 这是大龙的吗？
Zhè shì Dàlóng de ma?
B: 是，这是大龙的。
Shì, zhè shì Dàlóng de.

## 2　住房　Housing

**两人活动**：根据图片介绍家居环境。

**Pair work:** Talk about each person's local area based on the pictures given.

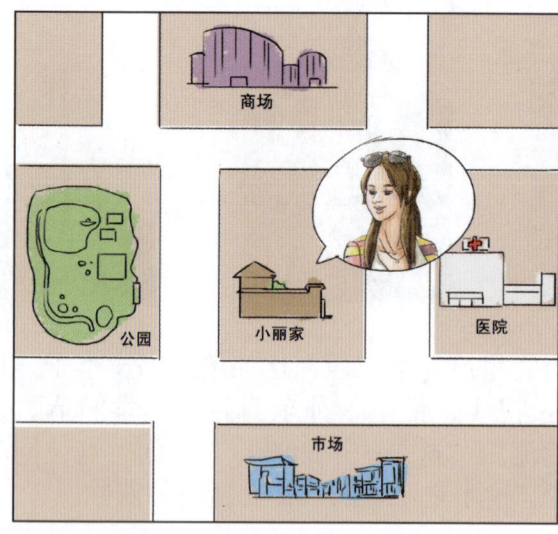

**两人活动** 看图介绍房屋布局，并画出自己家的示意图，说说自己的家是什么样的。

**Pair work:** Look at the pictures and describe the layout of each house. Draw a sketch of your house and describe it.

例

楼下是客厅，楼上有三个房间，两个是卧室，
Lóu xià shì kètīng, lóu shàng yǒu sān ge fángjiān, liǎng ge shì wòshì,

一个是书房。
yí ge shì shūfáng.

A

B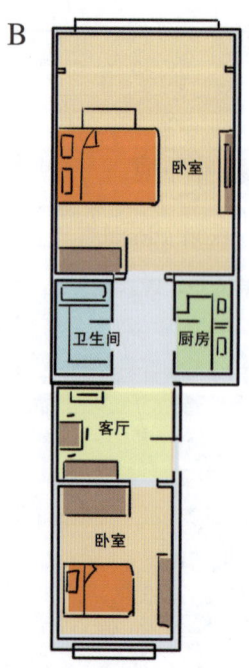

## 3 应有尽有 Have everything that one expects to have

 **单人活动**：根据例句和提示词，用"什么（+名词）都……"来介绍图片。

**Individual work:** Describe each picture with "什么（+noun）都……" following the example based on the cue words.

> **例** （这儿）沙发、床、电视、冰箱、洗衣机……什么 都 有。
> (Zhèr) shāfā、chuáng、diànshì、bīngxiāng、xǐyījī…… shénme dōu yǒu.

超市 里_____。
Chāoshì li

水果店 里_____。
Shuǐguǒdiàn li

书店 里_____。
Shūdiàn li

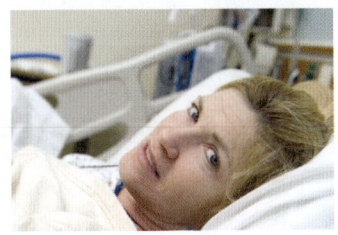

她身体不好，_____。
Tā shēntǐ bù hǎo,

他要 开车，_____。
Tā yào kāi chē,

# New Target Chinese Spoken Language (3)

## （三）综合任务活动 Comprehensive Tasks

### 1 求租房子 House wanted

**表演活动** 查理在报纸上看到一个租房的广告，现在他给王先生打电话……

**Role-play:** Charlie read a house-renting advertisement on the newspaper and now he is calling Mr. Wang…

查　理：喂，……？
Chálǐ: Wèi, ……?

王先生：是我。……？
Wáng xiānsheng: Shì wǒ.……?

查　理：我 叫……。听说……，我 想 问一下，……？
Chálǐ: Wǒ jiào……. Tīngshuō……, wǒ xiǎng wèn yíxià, ……?

王先生：这 房子……。
Wáng xiānsheng: Zhè fángzi…….

查　理：厨房 在哪儿？
Chálǐ: Chúfáng zài nǎr?

王先生：……。
Wáng xiānsheng: …….

查　理：卫生间……？
Chálǐ: Wèishēngjiān……?

王先生：……。
Wáng xiānsheng: …….

查　理：……？
Chálǐ: ……?

王先生：有，沙发、床、电视、冰箱、洗衣机……什么 都 有。
Wáng xiānsheng: Yǒu, shāfā, chuáng, diànshì, bīngxiāng, xǐyījī…… shénme dōu yǒu.

查　理：要是……，房租……？
Chálǐ: Yàoshi……, fángzū……?

王先生：……。
Wáng xiānsheng: …….

## Unit 4  Talking about Housing

查　理：我 想 去 看看，您 能……吗?
Chálǐ: Wǒ xiǎng qù kànkan, nín néng……ma?

王先生：好， 您 记 一下，……。
Wáng xiānsheng: Hǎo, nín jì yíxià,…….

查　理：谢谢。去 以前 我 给 您 打 电话。
Chálǐ: Xièxie. Qù yǐqián wǒ gěi nín dǎ diànhuà.

### 2  出租房子   Renting a house

**表演活动** A要出租房子；B想租这个房子，来看房。

**Role-play:** A wants to rent out his house. B is interested in it, so he comes to see the house.

A：您 好，您 是……?
　　Nín hǎo, nín shì……?

B：我 叫……。听说……，我 来 看看。
　　Wǒ jiào……. Tīngshuō……, wǒ lái kànkan.

A：请 进。你 看，这 是 客厅，……。
　　Qǐng jìn. Nǐ kàn, zhè shì kètīng,…….

B：厨房……?
　　Chúfáng……?

A：……客厅 旁边。
　　…… kètīng pángbiān.

B：卫生间……?
　　Wèishēngjiān……?

A：……。

B：要是……，房租 是 多少?
　　Yàoshi……, fángzū shì duōshao?

A：……。

B：我 父母 (parents) 经常 给 我 寄 (to post) 东西，您 能 告诉 我 一下
　　Wǒ fùmǔ　　　　　 jīngcháng gěi wǒ jì　　　　 dōngxi, nín néng gàosu wǒ yíxià
　　这儿的 地址 吗?
　　zhèr de dìzhǐ ma?

A：您记一下，……。
　　Nín jì yíxià, …….

B：谢谢。我很喜欢这个房子，我再跟朋友商量(to discuss)一下，
　　Xièxie. Wǒ hěn xǐhuan zhège fángzi, wǒ zài gēn péngyou shāngliang yíxià,
　　之后我给您打电话。
　　zhīhòu wǒ gěi nín dǎ diànhuà.

### 3　家居环境　The layout and surroundings of a house

**两人活动**　请朗读下边这篇艾娜写的短文，回答问题，然后模仿短文介绍一下你自己的家和周围的环境。

**Pair work:** Please read the following passage written by Edna and answer the questions. Then talk about your residence and its surrounding area following this passage.

　　最近我租了个房子。现在我住在学院路新园小区20号楼2803号房间。这套房子是上下两层的，楼下是客厅，楼上有三个房间，两个是卧室，一个是书房。厨房在客厅旁边。卫生间有两个，一层有一个，二层有一个。房子里有家具和家电，比如(such as)沙发、床、电视、冰箱、洗衣机……什么都有。我租一年，房租是每个月8000，不太便宜。
　　这套房子的环境不错。小区里有超市、饭馆儿和咖啡厅，小区外边有医院、电影院、银行。小区附近有地铁站和公共汽车站，非常方便。

　　Zuìjìn wǒ zūle ge fángzi. Xiànzài wǒ zhù zài Xuéyuàn Lù Xīnyuán Xiǎoqū èrshí hào lóu èr bā líng sān hào fángjiān. Zhè tào fángzi shì shàng xià liǎng céng de, lóu xià shì kètīng, lóu shàng yǒu sān ge fángjiān, liǎng ge shì wòshì, yí ge shì shūfáng. Chúfáng zài kètīng pángbiān. Wèishēngjiān yǒu liǎng ge, yī céng yǒu yí ge, èr céng yǒu yí ge. Fángzi li yǒu jiājù hé jiādiàn, bǐrú shāfā, chuáng, diànshì, bīngxiāng, xǐyījī……shénme dōu yǒu. Wǒ zū yì nián, fángzū shì měi ge yuè bāqiān, bú tài piányi.
　　Zhè tào fángzi de huánjìng bú cuò. Xiǎoqū li yǒu chāoshì, fànguǎnr hé kāfēitīng, xiǎoqū wàibian yǒu yīyuàn, diànyǐngyuàn, yínháng. Xiǎoqū fùjìn yǒu dìtiě zhàn hé gōnggòngqìchē zhàn, fēicháng fāngbiàn.

问题　Wèntí：

（1）现在 艾娜 住 在哪儿?
　　　Xiànzài Àinà zhù zài nǎr?

（2）她住 的 房子 有 几个 卧室? 有 几个 卫生间?
　　　Tā zhù de fángzi yǒu jǐ ge wòshì? Yǒu jǐ ge wèishēngjiān?

（3）这个 房子里有 什么 家具和 家电?
　　　Zhège fángzi li yǒu shénme jiājù hé jiādiàn?

（4）房租 是 多少?
　　　Fángzū shì duōshao?

（5）小区 附近有 地铁站 吗?
　　　Xiǎoqū fùjìn yǒu dìtiězhàn ma?

## 4　理想的住所　An ideal residence

**小组活动**：调查同学们要是去别的城市学习，想租什么样的房子。完成下表，并向其他同学介绍。

**Group work:** Ask your classmates what type of house they would like to rent if they were to study in another city. Complete the following table and make a presentation to the rest of your classmates.

| 姓名 xìngmíng<br>Name | 艾娜 Àinà | 1. | 2. |
|---|---|---|---|
| 格局 géjú<br>layout | 大 客厅，大 厨房，<br>dà kètīng, dà chúfáng,<br>两 个卧室<br>liǎng ge wòshì | | |
| 家具 jiājù<br>furniture | 床 又大又舒服<br>chuáng yòu dà yòu shūfu | | |
| 家电 jiādiàn<br>electrical appliances | 一定要 有洗衣机<br>yídìng yào yǒu xǐyījī | | |
| 周围环境 zhōuwéi huánjìng<br>surrounding environment | 有 超市、地铁站<br>Yǒu chāoshì、dìtiězhàn | | |
| 其他要求 qítā yāoqiú<br>other requirements | 离学校 不要 太远<br>lí xuéxiào bú yào tài yuǎn | | |

**例**

A：你想租什么样的房子？
Nǐ xiǎng zū shénme yàng de fángzi?

B：我希望 (to hope) 房子里有一个大客厅，朋友来了可以在客厅里聊天儿。我还希望有一个大厨房，我能在那儿做饭。房子里要有两个卧室，我住一个，朋友住一个。
Wǒ xīwàng fángzi li yǒu yí ge dà kètīng, péngyou láile kěyǐ zài kètīng li liáo tiānr. Wǒ hái xīwàng yǒu yí ge dà chúfáng, wǒ néng zài nàr zuò fàn. Fángzi li yào yǒu liǎng ge wòshì, wǒ zhù yí ge, péngyou zhù yí ge.

A：你对家具有什么要求 (requirement)？
Nǐ duì jiājù yǒu shénme yāoqiú?

B：我希望我的床又大又舒服。
Wǒ xīwàng wǒ de chuáng yòu dà yòu shūfu.

A：家电呢？
Jiādiàn ne?

B：一定要有洗衣机和冰箱。
Yídìng yào yǒu xǐyījī hé bīngxiāng.

A：你对周围环境有什么要求？
Nǐ duì zhōuwéi huánjìng yǒu shénme yāoqiú?

B：我希望附近有超市，还要有地铁站。
Wǒ xīwàng fùjìn yǒu chāoshì, hái yào yǒu dìtiě zhàn.

A：还有其他要求吗？
Hái yǒu qítā yāoqiú ma?

B：不要离学校太远。
Bú yào lí xuéxiào tài yuǎn.

## 5 租房广告 Accomodation advertisement

**班级活动** 每人设计一个出租广告，向同学们展示并介绍。

**Class activity:** Design an advertisement to rent out an apartment. Present to your classmates.

## 四 语法点注释　GRAMMAR NOTES

### 1 存在句　Sentence indicating existence

动词"有"、"是"、"在"都可以表示存在,它们做谓语时,句子的语序分别是:
The verbs "有", "是" and "在" can be used to indicate existence. If used as the predicate, the word order of the sentence is as follows:

(1) 某处——有/是——某人(物)
　　 location——有/是——somebody (something)
(2) 某人(物)——在——某处
　　 somebody (something)——"在"——location

① 楼　上　有三个　房间。　　② 北边　是书房。
　 Lóu shàng yǒu sān ge fángjiān.　　Běibian shì shūfáng.

③ 厨房　在客厅　旁边。
　 Chúfáng zài kètīng pángbiān.

用"有"表示存在的句子跟用"是"表示存在的句子不同之处在于:
Both a sentence with "有" and a sentence with "是" can be used to indicate existence. Their differences are as follows:

(1) 用"有"的句子宾语是不确指的,而用"是"的句子宾语可以是确指的,也可以是不确指的。因此,不说"书房旁边有我的卧室。"而是说"书房旁边是我的卧室。"

The object of a sentence with "有" is indefinite, while the object of a sentence with "是" is either definite or indefinite. As a result, "书房旁边有我的卧室。" would be incorrect, and "书房旁边是我的卧室" is correct.

(2) 用"有"的句子只说明某处存在某人或某物,用"是"的句子是已知某处存在某人或某物,而要进一步说明是谁或是什么。

A sentence with "有" just indicates a person or thing is located somewhere, while a sentence with "是" indicates it is already known that somebody/something is there, and who/what it is further stated.

### 2 "的"字结构　The "的" phrase

名词、代词、形容词、动词等后边加上"的",可以组成"的"字结构。"的"字结构相当于一个名词或名词短语。例如:

If a noun, pronoun, adjective or verb is followed by "的", the "的" phrase is formed, which is equivalent to a noun or noun phrase, e.g.,

① 这套房子是上下两层的。
Zhè tào fángzi shì shàng xià liǎng céng de.

② 这个卧室是你的吗?
Zhège wòshì shì nǐ de ma?

③ 你喜欢红的还是绿的?
Nǐ xǐhuan hóng de háishi lǜ de?

④ 我要买点儿吃的。
Wǒ yào mǎi diǎnr chī de.

### 3 什么(+名词)都…… The structure 什么(+noun)都……

在"什么(+名词)都……"中代词"什么"表示泛指,意思是所有的、全部。若"什么"指代清楚,中间的名词可以省略。例如:

The pronoun "什么" in the structure "什么(+noun)都……" indicates a general reference, meaning "every" or "all". If what "什么" refers to is clear, the noun in the middle of the structure can be omitted, e.g.,

① (这套房子)沙发、床、电视、冰箱、洗衣机……什么都有。
(Zhè tào fángzi) shāfā、chuáng、diànshì、bīngxiāng、xǐyījī…… shénme dōu yǒu.

② 我现在什么东西都不想吃。
Wǒ xiànzài shénme dōngxi dōu bù xiǎng chī.

## 学习后任务 REVIEW TASKS

### 1 采访 Interview

分别采访一位60岁以上的老人和一位25岁以下的年轻人,了解他们对房子有什么要求。
Interview someone over 60 and under 25 about each of their requirement for a home.

|  | 老人 lǎorén<br>Old person | 年轻人 niánqīngrén<br>Young person |
|---|---|---|
| 客厅 kètīng |  |  |
| 卧室 wòshì |  |  |
| 书房 shūfáng |  |  |
| 家具 jiājù |  |  |
| 家电 jiādiàn |  |  |
| 周围环境 zhōuwéi huánjìng |  |  |
| 其他要求 qítā yāoqiú |  |  |

# Unit 4  Talking about Housing

## 2 调查  Survey

就住房情况对3~5人进行调查，完成下表，并介绍。
Ask 3-5 people about their housing arrangements. Complete the following table and make a presentation.

| | 住址<br>Address | 详细情况（房间、家具、家电等）<br>Details (rooms, furniture, appliances, etc) |
|---|---|---|
| 1 | | |
| 2 | | |
| 3 | | |
| 4 | | |
| 5 | | |

## 六 自我评估  SELF-EVALUATION

### 1 你认识这些生词吗  Do you know these new words

请在你认识的生词前打✓，然后数一下你认识的生词数。
Please tick ✓ before the words you know, and then count them.

| | | | | | |
|---|---|---|---|---|---|
| ☐ 房(子) | ☐ 宿舍 | ☐ 楼 | ☐ 小区 | ☐ 房间 | ☐ 客厅 |
| ☐ 卧室 | ☐ 书房 | ☐ 卫生间 | ☐ 家具 | ☐ 家电 | ☐ 冰箱 |
| ☐ 洗衣机 | ☐ 电话 | ☐ 床 | ☐ 沙发 | ☐ 地址 | ☐ 问 |
| ☐ 出租 | ☐ 住 | ☐ 喂 | | | |

认识18~21个：太棒了！
Knowing 18-21 words: Wonderful!

认识14~17个：不错，要更加努力。
Knowing 14-17 words: Good. Please make more efforts.

认识14个以下：得复习复习。加油啊！
Knowing fewer than 14 words: Please review the lesson.

# New Target Chinese Spoken Language (3)

## 2 选一选，测一测 Choose and test

在正确的句子前打✓，看看你语法学得怎么样。
Tick ✓ before the right sentences to check how well you have learned the grammar.

① A. 这个 卧室 是你的吗？[→②]
   Zhège wòshì shì nǐ de ma?

   B. 这个 卧室 是你吗？[→③]
   Zhège wòshì shì nǐ ma?

② A. 厨房 在客厅 旁边。[→⑤]
   Chúfáng zài kètīng pángbiān.

   B. 厨房 有客厅 旁边。[→④]
   Chúfáng yǒu kètīng pángbiān.

③ A. 你喜欢 大的还是 小 的？[→②]
   Nǐ xǐhuan dà de háishi xiǎo de?

   B. 你喜欢 大还是 小？[→C]
   Nǐ xǐhuan dà háishi xiǎo?

④ A. 楼 上 有三个 房间。[→⑤]
   Lóu shàng yǒu sān ge fángjiān.

   B. 楼 上 在三个 房间。[→D]
   Lóu shàng zài sān ge fángjiān.

⑤ A. 这 套 房子里电视、洗衣机、微波炉……都 有 什么 家电。[→B]
   Zhè tào fángzi li diànshì, xǐyījī, wēibōlú…… dōu yǒu shénme jiādiàn.

   B. 这 套 房子里电视、洗衣机、微波炉……什么 家电 都 有。[→A]
   Zhè tào fángzi li diànshì, xǐyījī, wēibōlú…… shénme jiādiàn dōu yǒu.

A. 太棒了，你语法学得非常好！
Wonderful, you have learned the grammar very well!

B. 你的语法学得不错。不过要注意"什么（+名词）都……"的意义和用法。再做一遍第⑤题吧。
You have learned the grammar well. However, please pay attention to the meaning and usage of "什么（+noun）+都……". Please do question ⑤ again.

C. 注意"的"字短语的用法，详见语法点注释2。现在你明白了吧？请再做一遍第②和④题吧。

Pay attention to the usage of the "的" phrase. Refer to Grammar Note 2 for more details. Please do questions ② and ④ again.

D. 注意存在句的用法，详见语法点注释1。现在你明白了吧？请再做一遍第①和③题吧。

Pay attention to the usage of a sentence indicating existence. Refer to Grammar Note 1 for more details. Please do questions ① and ③ again.

## 文化小贴士　CULTURAL NOTES

### （一）你知道吗　Do You Know

#### 四合院　Courtyard House

四合院是中国北方汉族民居的典型形式。"四"是指东南西北四面墙，"合"是合在一起，形成一个口字形。很多四合院是坐北朝南的。北边的是正房，东西两侧是厢房，南边的叫"倒座"，过去一般作为书房、杂物间或者仆人住的房间。厕所一般在四合院的西南角，大门在东南角。四合院历史悠久，北京的四合院数量众多，设计巧妙，很有特色。

The courtyard house is a typical residence for the Han ethnic group in northern China. "四" refers to the four walls, the eastern, southern, western and northern walls, and "合" means combining into the shape of "口". Many courtyard have the north-south orientation, with the northern rooms as the principal rooms, eastern and western rooms as the wing-rooms and southern rooms as the "opposite rooms". The opposite rooms were used as a study, utility rooms or servants' rooms. A toilet usually sits at the southwest corner and a gate at its southeast corner of a courtyard. Known for their long history and large number, courtyards in Beijing are ingeniously designed and are unique.

## （二）图片看中国  China in Pictures

### 水乡民宅
shuǐxiāng mínzhái

Houses built along the waterside

### 福建土楼
Fújiàn tǔlóu

Tamped-earth building in Fujian

### 陕北窑洞
Shǎnběi yáodòng

Cave-dwellings in northern Shaanxi Province

# 第五单元
# Unit 5

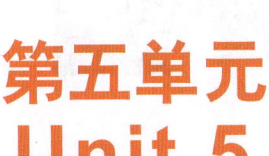

# 谈考试
## Talking about an Examination

| | |
|---|---|
| **话题**<br>**Topic** | 谈论学习与考试<br>Talking about study and examination |
| **任务目标**<br>**Instructional Objectives** | 能问答关于考试的基本情况，能听懂并描述自己或他人考试期间的心情<br>Students can ask questions and answer them about the basic information of an examination; they can also understand the description of one's feelings and describe their own feelings during an exam. |
| **重点词语**<br>**Key Words** | 翻译 fānyì、复习 fùxí、准备 zhǔnbèi、熬夜 áoyè、有把握 yǒu bǎwò、担心 dānxīn、紧张 jǐnzhāng、害怕 hàipà、脸色 liǎnsè、哪怕 nǎpà、可不 kěbù、据说 jùshuō |
| **重点语句**<br>**Key Sentences** | 1. 连回家的时间都没有。Lián huí jiā de shíjiān dōu méiyǒu.<br>2. 据说这几年考翻译的人越来越多，考试也越来越难。Jùshuō zhè jǐ nián kǎo fānyì de rén yuè lái yuè duō, kǎoshì yě yuè lái yuè nán.<br>3. 报纸上说今年参加考试的人数是去年的三倍！Bàozhǐ shang shuō jīnnián cānjiā kǎoshì de rénshù shì qùnián de sān bèi!<br>4. 复习是复习了，不过自己不太有把握。Fùxí shì fùxí le, búguò zìjǐ bú tài yǒu bǎwò.<br>5. 哪怕不睡觉我也要复习完。Nǎpà bú shuìjiào wǒ yě yào fùxí wán. |
| **语法点**<br>**Grammar Points** | 1. 连……也/都……　The structure 连……也/都……<br>2. ……是……，不过　The structure ……是……，不过<br>3. 让步复句：哪怕……也……　Concession compound sentence: 哪怕……也…… |

# New Target Chinese Spoken Language (3)

## 导入　WARM-UP

你参加过哪些考试？能用汉语介绍一下吗？
Nǐ cānjiāguo nǎxiē kǎoshì? Néng yòng Hànyǔ jièshào yíxià ma?

What examinations did you take? Can you talk about them in Chinese?

## 一　头脑风暴　BRAINSTORM

**学科 xuékē subject**
- 数学 shùxué Mathematics
- 外语 wàiyǔ Foreign language
- 化学 huàxué Chemistry
- 物理 wùlǐ Physics
- 体育 tǐyù P.E.
- 翻译 fānyì Translation
- 会计 kuàijì Accounting

**考试 kǎoshì examination**

**心情 xīnqíng mood**
- 紧张 jǐnzhāng nervous
- 担心 dānxīn worried
- 害怕 hàipà afraid
- 有把握 yǒu bǎwò confident

**成绩 chéngjì test result**
- 优秀 yōuxiù excellent
- 良好 liánghǎo good
- 及格 jígé to pass (an exam)
- 不及格 bù jígé to fail (an exam)
- 差 chà bad

# Unit 5  Talking about an Examination

##  生词总动员  WORD POWER

### 1  因人而异  Differ from man to man

**小组活动**  说说下面几种科目的考试你觉得哪个考试最难,你最害怕什么考试,并问问小组其他人最害怕什么考试。

**Group work:**  Which exam is the most difficult for you? Which exam are you afraid of the most? And ask your group members what exams they are afraid of the most.

数学
shùxué

汉语
Hànyǔ

化学
huàxué

物理
wùlǐ

| 我最害怕的考试:<br>wǒ zuì hàipà de kǎoshì | |
|---|---|
| _____最害怕的考试:<br>zuì hàipà de kǎoshì | |
| _____最害怕的考试:<br>zuì hàipà de kǎoshì | |
| _____最害怕的考试:<br>zuì hàipà de kǎoshì | |
| _____最害怕的考试:<br>zuì hàipà de kǎoshì | |

### 2  考前综合征  Syndromes before an examination

**两人活动**  说说参加不同的考试时,你的心情是什么样的。

**Pair work:**  Talk about your feelings before taking different exams.

害怕
hàipà

担心
dānxīn

紧张
jǐnzhāng

有把握
yǒu bǎwò

### 3  成语说说看　Talk about idioms

**两人活动**　（1）读读下面的成语，说说在你们国家有没有关于休息和工作或学习方面的固定说法。用中文说说看。

**Pair work:** Read the following idioms. Talk about some fixed expressions about rest, work or study in your country in Chinese.

> 劳逸结合 láoyì jiéhé：
> 适当的休息是有利于工作或学习的。
> Strike a proper balance between work and leisure; proper rest is good for work and study.

你们的说法：
Nǐmen de shuōfǎ:

（2）你同意"劳逸结合"这个观点吗？如果同意，请举个例子。如果不同意，请说说原因。

Do you agree with the above proverb? If you do, please give an example. If you don't, please explain why you don't.

## 生词大盘点　VOCABULARY LIST

| | | | | |
|---|---|---|---|---|
| 1 | 数学 | shùxué | 名 | mathematics |
| 2 | 化学 | huàxué | 名 | chemistry |
| 3 | 物理 | wùlǐ | 名 | physics |
| 4 | 外语 | wàiyǔ | 名 | foreign language |
| 5 | 体育 | tǐyù | 名 | P.E., sports |
| 6 | 翻译 | fānyì | 动/名 | to translate; translation |

# Unit 5  Talking about an Examination

| 7 | 成绩 | chéngjì | 名 | test result |
| 8 | 报纸 | bàozhǐ | 名 | newspaper |
| 9 | 倍 | bèi | 名 | times, number equal to the original |
| 10 | 办法 | bànfǎ | 名 | method, means |
| 11 | 人数 | rénshù | 名 | number of people |
| 12 | 脸色 | liǎnsè | 名 | look, complexion |
| 13 | 害怕 | hàipà | 动 | to be afraid of |
| 14 | 担心 | dānxīn | 动 | to be worried |
| 15 | 紧张 | jǐnzhāng | 形 | nervous |
| 16 | 有把握 | yǒu bǎwò | | confident |
| 17 | 难 | nán | 形 | difficult |
| 18 | 容易 | róngyì | 形 | easy |
| 19 | 复习 | fùxí | 动 | to review |
| 20 | 参加 | cānjiā | 动 | to take, to sit in |
| 21 | 考 | kǎo | 动 | to examine, to test |
| 22 | 熬夜 | áoyè | 动 | to stay up late |
| 23 | 行 | xíng | 动 | That's OK. |
| 24 | 倒 | dào | 副 | on the contrary (*indicating that something is not what one expects*) |
| 25 | 哪怕 | nǎpà | 连 | even if |
| 26 | 不过 | búguò | 连 | only, but |
| 27 | 自己 | zìjǐ | 代 | oneself |
| 28 | 连……都…… | lián……dōu…… | | even... all... |
| 29 | 越来越 | yuè lái yuè | | more and more |
| 30 | 可不 | kěbù | 副 | exactly |
| 31 | 劳逸结合 | láoyì jiéhé | | to strike a proper balance between work and leisure |

# New Target Chinese Spoken Language (3)

## 三 任务及活动 TASKS AND ACTIVITIES

### （一）任务示范 Task Demonstration

 大龙和小丽在客厅里聊天儿。

**The scene of the story:** Dalong and Xiaoli are chatting in the living room.

大龙： 小丽，这几天一直没看见你。你在忙什么呢？
Dàlóng: Xiǎolì, zhè jǐ tiān yìzhí méi kànjian nǐ. Nǐ zài máng shénme ne?

小丽： 下个月我要参加英语翻译考试。这几天一直在学校准备
Xiǎolì: Xià ge yuè wǒ yào cānjiā Yīngyǔ fānyì kǎoshì. Zhè jǐ tiān yìzhí zài xuéxiào zhǔnbèi
考试，连回家的时间都没有。
kǎoshì, lián huí jiā de shíjiān dōu méiyǒu.

大龙： 听说这几年考翻译的人越来越多，考试也越来越难。
Dàlóng: Tīngshuō zhè jǐ nián kǎo fānyì de rén yuè lái yuè duō, kǎoshì yě yuè lái yuè nán.

小丽： 可不，报纸上说今年参加考试的人数是去年的三倍！
Xiǎolì: Kěbù, bàozhǐ shang shuō jīnnián cānjiā kǎoshì de rénshù shì qùnián de sān bèi!

大龙： 那你准备得怎么样了？
Dàlóng: Nà nǐ zhǔnbèi de zěnmeyàng le?

小丽： 复习是复习了，不过自己不太有把握。
Xiǎolì: Fùxí shì fùxí le, búguò zìjǐ bú tài yǒu bǎwò.

大龙： 别担心！你的成绩一直很好，这次也一定没问题。我看
Dàlóng: Bié dānxīn! Nǐ de chéngjì yìzhí hěn hǎo, zhè cì yě yídìng méi wèntí. Wǒ kàn
你的脸色不太好，是不是熬夜了？
nǐ de liǎnsè bú tài hǎo, shì bu shì áoyè le?

小丽： 没办法，要复习的东西简直太多了。哪怕不睡觉我也要
Xiǎolì: Méi bànfǎ, yào fùxí de dōngxi jiǎnzhí tài duō le. Nǎpà bú shuì jiào wǒ yě yào
复习完。
fùxí wán.

大龙： 这样可不行。中国人不是常说要"劳逸结合"吗？
Dàlóng: Zhèyàng kě bù xíng. Zhōngguórén bú shì cháng shuō yào "láoyì jiéhé" ma?

# Unit 5  Talking about an Examination

小丽：这 倒也是。好，听你的！我 现在就回 房间休息休息。
Xiǎolì: Zhè dào yě shì. Hǎo, tīng nǐ de! Wǒ xiànzài jiù huí fángjiān xiūxi xiūxi.

## （二）分步任务活动  Perform the Tasks Step by Step

**1  唱反调  You say "yes", but I say "no"**

**两人活动**  一个人评论一下下图中的物品或地方，另一个人用"……是……，不过……"唱反调。

**Pair work:** One talks about the things or places in the following pictures, and the other deliberately speaks something contrary using "……是……，不过……".

**2  下定决心  Make up one's mind**

**两人活动**  一个人说自己要做的一件事，另一个人说出困难，第一个人用"哪怕……也……"下决心。

**Pair work:** One student says he/she wants to do something, and the other gives the difficulties to be encountered. The first student uses "哪怕……也……" to express his/her determination.

# New Target Chinese Spoken Language (3)

**3 有理有据** Be well-grounded

**班级活动** 一个人用一句话评价一下自己或一个地方、事物。其他同学轮流用"可不，连……都……"来提供证据。后面的同学不能重复前面的句子，如果接不上来，要用"连……都……"造个句子。

**Class activity:** A student speaks a sentence to make a self-evaluation or to evaluate a place/thing. Other students provide evidence in turns using "可不，连……都……". They are required not to repeat the sentence(s) previously spoken; if he/she cannot do it, he/she is asked to make a sentence using "连……都……".

## （三）综合任务活动　Comprehensive Tasks

**1 快要考试了** The examination is coming soon

**表演活动** 大龙快考试了，最近他每天学习到很晚才回家。一天晚上，他刚到家，他的中国妈妈看到他……

**Role-play:** Dalong studies and goes home late recently since he is going to take an exam. One night, the moment he gets home, his Chinese mother sees him…

妈妈：大龙，怎么才回来啊？
māma: Dàlóng, zěnme cái huílai a?

大龙：……。
Dàlóng: …….

妈妈：听说……。
māma: Tīngshuō…….

大龙：可不，……。
Dàlóng: Kěbù, …….

妈妈：你 准备……？
māma: Nǐ zhǔnbèi……?

大龙：……。
Dàlóng: …….

妈妈：别 担心，……。你的脸色……。
māma: Bié dānxīn, ……. Nǐ de liǎnsè…….

# Unit 5　Talking about an Examination

大龙：没 办法，……。
Dàlóng: Méi bànfǎ, …….

妈妈：……。…… "劳逸结合" ……。
māma: ……. …… "láoyì jiéhé" …….

大龙：……。我 现在 就……。
Dàlóng: ……. Wǒ xiànzài jiù…….

## 2　最重要的一次考试　The most important examination

**小组活动**　请介绍一下你经历过的一次最重要的考试。

**Group work:** Please talk about one of your most important examinations.

**提示：**
**Clues:**
是什么考试？你是什么时候参加的？你的心情怎么样？考试结果怎么样？

What exam was it? When did you take it? How did you feel about it? What was the result of the exam?

## 3　"拉帮结派"　Who is on my side?

**小组活动**　一个人提出一个观点，同意的同学用 "可不，……" 提供证据，不同意的同学用 "……是……，不过……" 反驳。注意尽量多地用本课所学语法。看看最后谁的支持者最多。

**Group work:** One student makes a point. Students who agree with him provide evidence using "可不，……" and students who don't agree with him rebut the argument using "……是……，不过……". Please use the grammar you've learned in this lesson as much as possible. The one getting the most supporters wins.

**例**

A: 北京 烤鸭 真 好吃。
　　Běijīng kǎoyā zhēn hǎochī.

B: 可不，很 多 外国人 都 喜欢 吃。
　　Kěbù, hěn duō wàiguórén dōu xǐhuan chī.

C: 烤鸭 好吃 是 好吃，不过 太 油 了。
　　Kǎoyā hǎochī shì hǎochī, búguò tài yóu le.

……

## 四 语法点注释 GRAMMAR NOTES

### 1 连……也/都…… The structure 连……也/都……

"连……也/都……"是汉语中的强调句式。"连"后是要强调的对象,后面用"也"或"都"与之呼应。意思是强调极端的对象或典型代表的情况尚且如此,其他对象就更不用说了。例如:

"连……也/都……" is one of the Chinese emphatic sentence patterns. Followed by what to be emphasized and often with "也" or "都", "连" means even something extreme or typical is like this, let alone other cases, e.g.,

① 他很忙,连吃饭的时间都没有。
   Tā hěn máng, lián chī fàn de shíjiān dōu méiyǒu.

② 这个汉字连老师都不认识,学生更不认识了。
   Zhège Hànzì lián lǎoshī dōu bú rènshi, xuésheng gèng bú rènshi le.

### 2 ……是……,不过…… The structure ……是……,不过……

"……是……,不过……"结构用以承认一种事实,但也提出另一个观点或事实。例如:

The structure "……是……,不过……" is used to acknowledge a fact and also propose another idea or fact, e.g.,

① 汉字难是难,不过很有意思。
   Hànzi nán shì nán, búguò hěn yǒu yìsi.

② 吃是吃了,不过我现在又饿了。
   Chī shì chī le, búguò wǒ xiànzài yòu è le.

③ 看是看见了,不过我不能说。
   Kàn shì kànjiàn le, búguò wǒ bù néng shuō.

### 3 让步复句:哪怕……也…… Concession compound sentence: 哪怕……也……

"哪怕……也……"表示的是没有发生但已经可以预见结果的事情。"哪怕"后面接最极端的可能性,"也"后面常常是决定。例如:

"哪怕……也……" indicates something that hasn't happened but the result of which is already predictable. "哪怕" is followed by a most extreme case, and "也" is often followed by a decision, e.g.,

① 哪怕熬夜,我也要把作业做完。
   Nǎpà áoyè, wǒ yě yào bǎ zuòyè zuòwán.

② 哪怕再累,我也要坚持。
   Nǎpà zài lèi, wǒ yě yào jiānchí.

# Unit 5  Talking about an Examination

## 五 学习后任务  REVIEW TASKS

用汉语简要介绍一下现在在你们国家最热门的一项考试。
Talk briefly about one of the most popular examinations in your country in Chinese.

| 考试名称<br>Name of the exam | |
|---|---|
| 考试时间<br>Time of the exam | |
| 考试内容<br>Contents of the exam | |
| 考试要求<br>Requirements of the exam | |
| 热门的原因<br>Why the exam is popular | |

## 六 自我评估  SELF-EVALUATION

**1** 你认识这些生词吗  Do you know these new words

请在你认识的生词前打✓，然后数一下你认识的生词数。
Please tick ✓ before the words you know, and then count them.

☐ 翻译　　☐ 准备　　☐ 越来越　　☐ 有把握　　☐ 脸色　　☐ 熬夜

☐ 复习　　☐ 担心　　☐ 哪怕　　　☐ 准备　　　☐ 倍　　　☐ 报纸

☐ 成绩　　☐ 休息　　☐ 据说　　　☐ 害怕　　　☐ 紧张　　☐ 可不

认识15~18个：太棒了！
Knowing 15-18 words: Wonderful!

认识10~14个：不错，要更加努力。
Knowing 10-14 words: Good. Please make more efforts.

认识10个以下：得复习复习。加油啊！
Knowing fewer than 10 words: Please review the lesson.

## 2 选一选，测一测　Choose and test

在正确的句子或合适的答句前打 ✓，看看你语法学得怎么样。
Tick ✓ before the right sentences or answers to check how well you have learned the grammar.

① 这本书你看过吗？
　Zhè běn shū nǐ kànguo ma?

　　A. 我看是看过，不过里面的内容早就忘了。[→②]
　　　Wǒ kàn shì kànguo, búguò lǐmian de nèiróng zǎo jiù wàng le.

　　B. 我看看是过，不过里面的内容早就忘了。[→③]
　　　Wǒ kànkan shì guò, búguò lǐmian de nèiróng zǎo jiù wàng le.

② 今天的作业太多了，你做得完吗？
　Jīntiān de zuòyè tài duō le, nǐ zuò de wán ma?

　　A. 哪怕熬夜，我也要把作业做完。[→⑤]
　　　Nǎpà áoyè, wǒ yě yào bǎ zuòyè zuòwán.

　　B. 哪怕把作业做完，我也要熬夜。[→④]
　　　Nǎpà bǎ zuòyè zuòwán, wǒ yě yào áoyè.

③ 中国菜好吃吗？
　Zhōngguó cài hǎochī ma?

　　A. 好吃是好吃，不过有点儿油。[→②]
　　　Hǎochī shì hǎochī, búguò yǒudiǎnr yóu.

　　B. 好吃是有点儿油，不过好吃。[→D]
　　　Hǎochī shì yǒudiǎnr yóu, búguò hǎochī.

④ 你太累了，别干了，休息一下吧。
　Nǐ tài lèi le, bié gàn le, xiūxi yíxià ba.

　　A. 哪怕再累，我也要把工作做完。[→⑤]
　　　Nǎpà zài lèi, wǒ yě yào bǎ gōngzuò zuòwán.

　　B. 哪怕把工作做完，我也再累。[→C]
　　　Nǎpà bǎ gōngzuò zuòwán, wǒ yě zài lèi.

⑤ 你认识这个字吗？
　Nǐ rènshi zhège zì ma?

　　A. 当然，这个字连小孩子都认识。[→A]
　　　Dāngrán, zhège zì lián xiǎoháizi dōu rènshi.

　　B. 当然，小孩子连这个字都认识。[→B]
　　　Dāngrán, xiǎoháizi lián zhège zì dōu rènshi.

# Unit 5  Talking about an Examination

A. 太棒了，你的语法学得非常好！
   Wonderful, you have learned the grammar very well!

B. 你的语法学得不错。不过要注意"连……都……"结构的用法，详见语法点注释1。现在你明白了吗？再做一遍第⑤题吧。
   You have learned the grammar very well. However, please pay attention to the usage of the structure "连……都……". Refer to Grammar Note 1 for more details. Understand now? Please do question ⑤ again.

C. "哪怕……也……"表示的是没有发生但已经可以预见结果的事情，详见语法点注释3。现在你明白了吗？再做一遍第②和第④题吧。
   "哪怕……也……" indicates something that hasn't happened but the result of which is already predictable. Refer to Grammar Note 3 for more details. Understand now? Please do questions ② and ④ again.

D. "……是……，不过……"结构用以承认一种事实，但也提出另一个观点或事实。现在你明白了吗？再做一遍第①和第③题吧。
   The structure "……是……，不过……" is used to acknowledge a fact and also propose another idea or fact. Understand now? Please do questions ① and ③ again.

## 文化小贴士  CULTURAL NOTES

### （一）你知道吗  Do You Know

#### HSK考试  HSK (Chinese Proficiency Test)

HSK是汉语水平考试（Hànyǔ Shuǐpíng Kǎoshì）的简称，是一项国际汉语能力标准的考试，重点考查汉语非第一语言的考生在生活、学习和工作中使用汉语进行交际的能力。新HSK分笔试和口试两种考试，两者相互独立。笔试包括一～六级，口试包括初、中、高级。如果你希望进入中国的高等院校学习，至少应该通过新HSK四级考试。

Targeted at examining non-native Chinese speakers' Chinese language communication skills in their life, study and work, HSK (also Chinese Proficiency Test) is a standard Chinese language test for international students. The New HSK is divided into the written test and spoken test, both of which are independent, with the former one including levels 1~6 and the latter one including levels of elementary, intermediate and advanced. If you want to study in a Chinese college or university, you should pass the New HSK Level 4 at least.

## (二) 图片看中国　China in Pictures

高考
gāokǎo
College Entrance Examination

红榜
hóngbǎng
Honor roll

公务员考试
gōngwùyuán kǎoshì
Civil service examination

# 第六单元
# Unit 6

# 谈购物
## Talking about Shopping

| | |
|---|---|
| **话题**<br>**Topic** | 谈论购物<br>Talking about shopping |
| **任务目标**<br>**Instructional Objectives** | 能询问和描述购物场所和购物经历<br>Students can ask about and describe appropriate shopping destinations and experiences for a range of products. |
| **重点词语**<br>**Key Words** | 购物 gòuwù、东西 dōngxi、商场 shāngchǎng、市场 shìchǎng、顾客 gùkè、款式 kuǎnshì、价格 jiàgé、价钱 jiàqian、牌子 páizi、名牌 míngpái、购物网站 gòuwù wǎngzhàn |
| **重点语句**<br>**Key Sentences** | 1. 买衣服、鞋什么的，应该去哪儿啊？<br>　Mǎi yīfu、xié shénmede, yīnggāi qù nǎr a?<br>2.（去服装市场）虽然东西便宜得多，但是质量可能不如商场的好。<br>　(Qù fúzhuāng shìchǎng) Suīrán dōngxi piányi de duō, dànshì zhìliàng kěnéng bùrú shāngchǎng de hǎo.<br>3. 星期天你陪我逛雅秀市场，怎么样？<br>　Xīngqītiān nǐ péi wǒ guàng Yǎxiù shìchǎng, zěnmeyàng? |
| **语法点**<br>**Grammar Points** | 1. 转折复句：虽然……，但是……　Transitional compound sentence: 虽然……，但是……<br>2. "不如"表示比较　"不如" indicating comparison<br>3. 用"好吗""怎么样""行吗"的疑问句　Interrogative sentence using "好吗"，"怎么样" and "行吗" |

# New Target Chinese Spoken Language (3)

## 导入 WARM-UP

你常去哪儿买东西？
Nǐ cháng qù nǎr mǎi dōngxi?
Where do you normally go shopping?

##  头脑风暴 BRAINSTORM

**购物** gòuwù shopping

**场所** chǎngsuǒ site, place

- 服装市场 fúzhuāng shìchǎng — garment market
- 电子市场 diànzǐ shìchǎng — electronic market
- 水果市场 shuǐguǒ shìchǎng — fruit market
- 菜市场 càishìchǎng — vegetable market
- 花卉市场 huāhuì shìchǎng — flower market
- 建材市场 jiàncái shìchǎng — market of building materials
- 农贸市场 nóngmào shìchǎng — market of agricultural products
- 古玩市场 gǔwán shìchǎng — antique market

- 超市 chāoshì — supermarket
- 商场 shāngchǎng — department store
- 购物中心 gòuwù zhōngxīn — shopping center
- 小卖部 xiǎomàibù — corner store
- 市场 shìchǎng — market
- 早市 zǎoshì — morning market
- 夜市 yèshì — night market
- ~摊 ~tān — booth
- ~店 ~diàn — shop, store

- 纽约第五大道 Niǔyuē Dìwǔ Dàdào — Fifth Avenue in New York
- 巴黎香榭丽舍大街 Bālí Xiāngxièlìshè Dàjiē — Avenue de Champs-Elyses in Paris
- 东京银座 Dōngjīng Yínzuò — Ginza in Tokyo
- 香港海港城 Xiānggǎng Hǎigǎngchéng — Harbor City in Hong Kong
- 迪拜购物中心 Díbài Gòuwù Zhōngxīn — Dubai Mall

# Unit 6  Talking about Shopping

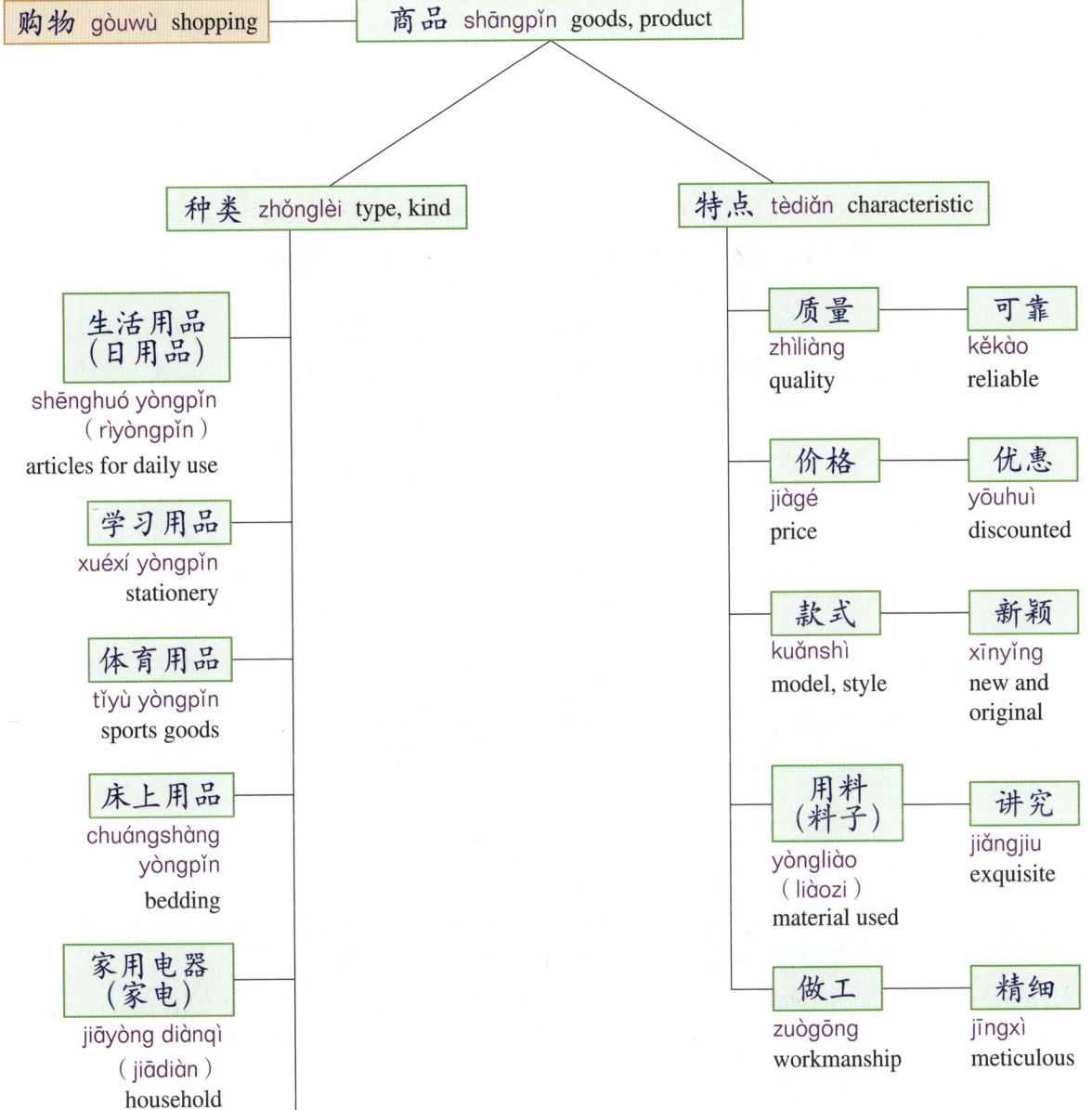

# New Target Chinese Spoken Language (3)

## 一 生词总动员 WORD POWER

**1 购物场所** Shopping places

 将以下购物场所和出售的商品连接起来（不一定一一对应），说说你去哪儿买这些东西。

**Pair work:** Match the following vendors with the goods (not necessarily in one-to-one correspondence) and talk about where you buy these things.

| 超市 | 商场 | 菜市场 | 服装市场 | 电子市场 |
|---|---|---|---|---|
| chāoshì | shāngchǎng | càishìchǎng | fúzhuāng shìchǎng | diànzǐ shìchǎn |

| 电脑 | 水果 | 衣服 | 生活用品 | 笔和本子 |
|---|---|---|---|---|
| diànnǎo | shuǐguǒ | yīfu | shēnghuó yòngpǐn | bǐ hé běnzi |

> **例** 要是 买 <u>生活 用品</u>，我 去 <u>超市</u>。
> Yàoshi mǎi <u>shēnghuó yòngpǐn</u>, wǒ qù <u>chāoshì</u>.

**2 购物计划** Shopping plan

小组活动 从以下商品中挑出你们打算购买的东西写在表格中，然后写明你的要求，跟同学商量一下最好去哪里购买，并汇报。

**Group work:** Choose what you are going to buy and complete the following table. Include your requirements, and then discuss with your classmate the best destination. Report to the class.

| 苹果 | 面包 | 蛋糕 | 饮料 | 电视 | 空调 |
|---|---|---|---|---|---|
| píngguǒ | miànbāo | dàngāo | yǐnliào | diànshì | kōngtiáo |

| 裤子 | 裙子 | 帽子 | 围巾 | 领带 | 拖鞋 |
|---|---|---|---|---|---|
| kùzi | qúnzi | màozi | wéijīn | lǐngdài | tuōxié |

| 手机 | 电脑 | 篮球 | 项链 | 戒指 | 碗 |
|---|---|---|---|---|---|
| shǒujī | diànnǎo | lánqiú | xiàngliàn | jièzhi | wǎn |

# Unit 6　Talking about Shopping

第六单元　谈购物

| 商品<br>Commodity | | 要求<br>Requirement | | | | 地点<br>Place |
|---|---|---|---|---|---|---|
| | | 质量<br>zhìliàng | 款式<br>kuǎnshì | 价格<br>jiàgé | 牌子<br>páizi | |
| 例 | 电脑<br>diànnǎo | 可靠<br>kěkào | 新颖<br>xīnyǐng | 不太贵<br>bú tài guì | 名牌<br>míngpái | |
| 1 | | | | | | |
| 2 | | | | | | |
| 3 | | | | | | |
| 4 | | | | | | |
| 5 | | | | | | |

例　A: 我　想　买一台 电脑。
　　　 Wǒ xiǎng mǎi yì tái diànnǎo.

　　B: 你 想 买 什么 样 的?
　　　 Nǐ xiǎng mǎi shénme yàng de?

　　A: 要　质量 可靠 的，款式 要　新颖 ，价格 不要 太贵，一定 要　名牌。
　　　 Yào zhìliàng kěkào de, kuǎnshì yào xīnyǐng, jiàgé bú yào tài guì, yídìng yào míngpái.

　　B: 那你可以去　中关村　电子　市场　看看。
　　　 Nà nǐ kěyǐ qù Zhōngguāncūn diànzǐ shìchǎng kànkan.

## 生词大盘点　VOCABULARY LIST

| 1 | 东西 | dōngxi | 名 | thing, stuff |
| 2 | 商场 | shāngchǎng | 名 | department store |
| 3 | 市场 | shìchǎng | 名 | market |
| 4 | 服装 | fúzhuāng | 名 | clothing |
| 5 | 电子 | diànzǐ | 名 | electronics |
| 6 | 水果 | shuǐguǒ | 名 | fruit |

# New Target Chinese Spoken Language (3)

| 7 | 蔬菜 | shūcài | 名 | vegetables |
|---|---|---|---|---|
| 8 | 用品 | yòngpǐn | 名 | articles for use |
| 9 | 款式 | kuǎnshì | 名 | model, style |
| 10 | 价格 | jiàgé | 名 | price (written) |
| 11 | 价钱 | jiàqian | 名 | price (spoken) |
| 12 | 牌子 | páizi | 名 | brand |
| 13 | 名牌 | míngpái | 名 | famous brand |
| 14 | 顾客 | gùkè | 名 | customer |
| 15 | 空 | kòng | 名 | free time, spare time |
| 16 | 网站 | wǎngzhàn | 名 | website |
| 17 | 购物 | gòuwù | 动 | to go shopping |
| 18 | 逛 | guàng | 动 | to stroll |
| 19 | 台 | tái | 量 | *a measure word for electronics* |
| 20 | 可靠 | kěkào | 形 | reliable, trustworthy |
| 21 | 新颖 | xīnyǐng | 形 | new and original |
| 22 | 划算 | huásuàn | 形 | cost-effective |
| 23 | 干净 | gānjìng | 形 | clean |
| 24 | 可能 | kěnéng | 副 | probably, maybe |
| 25 | 不如 | bùrú | 动 | not equal to, not as good as |
| 26 | 虽然 | suīrán | 连 | although |
| 27 | 但是 | dànshì | 连 | but, however |
| 28 | 什么的 | shénmede | 助 | and so on, and so forth |
| 29 | 最好 | zuìhǎo | 副 | it would be best, had better |
| 30 | 上当 | shàngdàng | 动 | to be taken in, to be fooled |

## 专有名词 Proper Nouns

| 1 | 王府井 | Wángfǔjǐng | Wangfujing, a central shopping avenue in Beijing |
|---|---|---|---|
| 2 | 西单 | Xīdān | Xidan, a well-known shopping district in Beijing |
| 3 | 雅秀 | Yǎxiù | Yaxiu, a well-known clothing market in Beijing |
| 4 | 中关村 | Zhōngguāncūn | Zhongguancun, a high-tech area in Haidian District, Beijing |

# Unit 6  Talking about Shopping

## 二 任务及活动　TASKS AND ACTIVITIES

### （一）任务示范　Task Demonstration

**故事场景**　艾娜和小丽聊天儿。

**The scene of the story:**　Edna and Xiaoli are chatting.

艾娜：北京 人 都 喜欢 去 哪儿 买 东西 啊？
Àinà: Běijīng rén dōu xǐhuan qù nǎr mǎi dōngxi a?

小丽：那 要 看 买 什么 东西 了。买 生活 用品，喜欢 去 超市；
Xiǎolì: Nà yào kàn mǎi shénme dōngxi le. Mǎi shēnghuó yòngpǐn, xǐhuan qù chāoshì;
买 水果、蔬菜，一般 去 市场。
mǎi shuǐguǒ, shūcài, yìbān qù shìchǎng.

艾娜：那 买 衣服、鞋 什么 的，应该 去 哪儿 啊？
Àinà: Nà mǎi yīfu、xié shénmede, yīnggāi qù nǎr a?

小丽：有 人 喜欢 去 王府井、西单 的 大 商场 买，有 人 喜欢
Xiǎolì: Yǒu rén xǐhuan qù Wángfǔjǐng、Xīdān de dà shāngchǎng mǎi, yǒu rén xǐhuan
去 服装 市场 买。去 大 商场 吧，东西 质量 比较 好，
qù fúzhuāng shìchǎng mǎi. Qù dà shāngchǎng ba, dōngxi zhìliàng bǐjiào hǎo,
不过 价钱 比较 贵；去 服装 市场 吧，虽然 东西 便宜
búguò jiàqian bǐjiào guì; qù fúzhuāng shìchǎng ba, suīrán dōngxi piányi
得 多，但是 质量 可能 不如 商场 的 好。
de duō, dànshì zhìliàng kěnéng bùrú shāngchǎng de hǎo.

艾娜：我 常 听 人 说 北京 有 个 雅秀 市场，你 知道 在 哪儿 吗？
Àinà: Wǒ cháng tīng rén shuō Běijīng yǒu ge Yǎxiù shìchǎng, nǐ zhīdào zài nǎr ma?

小丽：当然 知道，那个 市场 特别 有名，中国 人、外国 人
Xiǎolì: Dāngrán zhīdào, nàge shìchǎng tèbié yǒumíng, Zhōngguó rén、wàiguó rén
都 爱 去。有 人 说，那儿 的 外国 顾客 比 中国 顾客 还 多。
dōu ài qù. Yǒu rén shuō, nàr de wàiguó gùkè bǐ Zhōngguó gùkè hái duō.

艾娜：真的？我很想去逛逛。这个周末你有空儿吗？
Àinà: Zhēn de? Wǒ hěn xiǎng qù guàngguang. Zhège zhōumò nǐ yǒu kòngr ma?
我们一起去吧。
Wǒmen yìqǐ qù ba.

小丽：我星期天有时间，星期六我得去中关村买台电脑。
Xiǎolì: Wǒ xīngqītiān yǒu shíjiān, xīngqīliù wǒ děi qù Zhōngguāncūn mǎi tái diànnǎo.

艾娜：那我星期六陪你逛中关村电子市场，星期天你
Àinà: Nà wǒ xīngqīliù péi nǐ guàng Zhōngguāncūn diànzǐ shìchǎng, xīngqītiān nǐ
陪我逛雅秀市场，怎么样？
péi wǒ guàng Yǎxiù shìchǎng, zěnmeyàng?

小丽：好啊！星期五晚上我给你打电话。
Xiǎolì: Hǎo a! Xīngqīwǔ wǎnshang wǒ gěi nǐ dǎ diànhuà.

## （二）分步任务活动　Perform the Tasks Step by step

### 1　宜居城市　Livable cities

**单人活动**　比较北京和你的家乡（或者别的地方）有什么不同，哪个地方更适合居住。请用"不如"进行介绍，说得越多越好。

**Individual work:** Compare Beijing and your hometown (or another place) and discuss the advantages and disadvantages of each. Make a presentation using "不如". Include as much information as possible.

# Unit 6　Talking about Shopping

词语提示：
Useful words:

大，多，干净，漂亮，热，冷，高楼大厦，出租车，
dà, duō, gānjìng, piàoliang, rè, lěng, gāo lóu dàshà, chūzūchē,

公共汽车，自行车，超市，商场，名胜古迹……
gōnggòng qìchē, zìxíngchē, chāoshì, shāngchǎng, míngshèng gǔjì……

## 2　联欢筹备会　Preparing for a party

**小组活动**：班里要举办一次联欢活动，商量一下具体的活动细节。请用"……，好吗？" "……，怎么样？" "……，行吗？"尽量多地进行提议。并向全班表演你们组的讨论过程。

**Group work:** Imagine your class is going to have a party. Discuss the details. Make as many suggestions as possible using "……, 好吗？", "……, 怎么样？" and "……, 行吗？". Present your group's discussion to the class.

例

A: 我们　去爬山，怎么样？
　　Wǒmen qù pá shān, zěnmeyàng?

B: 晚上　一起去　唱　卡拉OK，好吗？
　　Wǎnshang yìqǐ qù chàng kǎlā OK, hǎo ma?

## 3　仁者见仁，智者见智　The benevolent see benevolence and the wise see wisdom

**两人活动**：一位同学根据图片谈论自己的印象，另一位同学用"虽然……但是……"发表不同的见解。

**Pair work:** Take turns talking about your impressions of the pictures and while your partner offers different opinions using "虽然……但是……".

## （三）综合任务活动　Comprehensive Tasks

**1　去哪儿购物？**　Where do you go shopping?

**单人活动**：根据"任务示范"填空。

**Individual work:** Fill in the blanks according to the "Task Demonstration".

---

艾娜听说，在北京生活，购物非常方便。买生活用品，人们喜欢去 _____，买 _____ 一般去市场。买衣服、鞋什么的，有人 _____，有人 _____。去大商场吧，_____，不过 _____；去 _____ 吧，东西便宜得多，但是 _____。北京有个雅秀市场，特别有名。_____、_____ 都爱去。有人说，_____ _____。这个星期六艾娜陪小丽去 _____ 买 _____，星期天 _____。

Àinà tīngshuō, zài Běijīng shēnghuó, gòuwù fēicháng fāngbiàn. Mǎi shēnghuó yòngpǐn, rénmen xǐhuan qù _____, mǎi _____ yìbān qù shìchǎng. Mǎi yīfu、xié shénmede, yǒu rén _____, yǒu rén _____. Qù dà shāngchǎng ba, _____, búguò _____; qù _____ ba, dōngxi piányi de duō, dànshì _____. Běijīng yǒu ge Yǎxiù shìchǎng, tèbié yǒumíng. _____、_____ dōu ài qù. Yǒu rén shuō, _____. Zhège xīngqīliù Àinà péi Xiǎolì qù _____ mǎi _____, xīngqītiān _____.

---

**两人活动**：模仿上文，谈谈在你们国家，人们一般喜欢去哪儿购物。

**Pair work:** Using the passage above as a model, talk about where people in your country like to go shopping.

# Unit 6  Talking about Shopping

## 2 谈旅游目的地　Talk about travel destination

**表演活动**　A和B聊天儿，讨论去哪儿旅行好。

**Role-play:**　A and B are talking about their ideal travel destinations.

**提示：**
**Hints:**

（1）年轻人和中老年人喜欢去的地方有什么不同？
What are the differences between the places where young people like to travel and the places where middle-aged/older people like to travel?

（2）不同季节人们喜欢去的地方有什么不同？
What are the differences between the places where people like to go in different seasons?

（3）还有什么样的人或情况（比如价格不同，兴趣不同）选择的旅行目的地不一样？
Discuss the differences in people's travel destinations depending on other circumstances (e.g. cost, interests).

---

A: ……人都 喜欢 去哪儿旅行啊？
　　…… rén dōu xǐhuan qù  nǎr   lǚxíng a?

B: 那要看……。……，喜欢 去……；……，一般 去……。
　　Nà yào kàn ……. ……,  xǐhuan qù ……; ……, yìbān qù …….

A: 那有 两个 星期 时间 的话，去哪儿 好啊？
　　Nà yǒu liǎng ge xīngqī shíjiān dehuà, qù  nǎr  hǎo a?

B: 有人……，有人……。……吧，……，不过……；……吧，……，但是……。
　　Yǒu rén……, yǒu rén……. …… ba, ……,  búguò……; …… ba, ……,
   dànshì…….

A: 我 常 听人 说……，你知道 那儿 怎么样 吗？
　　Wǒ cháng tīng rén shuō……, nǐ zhīdào nàr zěnmeyàng ma?

B: 当然 知道，……。……、……都……。有人 说，……。
　　Dāngrán zhīdào, ……. ……、 …… dōu ……. Yǒu rén shuō, …….

A: 真 的？我 很 想 去 玩儿玩儿。……吧。
　　Zhēn de? Wǒ hěn xiǎng qù wánrwanr. …… ba.

B: 我……有 时间，……我 得……。
　　Wǒ …… yǒu shíjiān, …… wǒ děi …….

# New Target Chinese Spoken Language (3)

A: 那……，怎么样？
　　Nà……, zěnmeyàng?

B: 好啊！……。
　　Hǎo a!…….

## 3 购物情况大调查　　Shopping survey

**小组活动**　调查一下大家最近买的东西，完成下表，并进行汇报。

**Group work:** Survey your group to find out about what they have bought recently. Fill in the following table and make a presentation.

|  |  | 同学1 | 同学2 | 同学3 |
|---|---|---|---|---|
| 价格最高的东西<br>jiàgé zuì gāo de dōngxi | 东西　dōngxi |  |  |  |
|  | 价格　jiàgé |  |  |  |
| 最划算的东西<br>zuì huásuàn de dōngxi | 东西　dōngxi |  |  |  |
|  | 价格　jiàgé |  |  |  |
| 质量最好的东西<br>zhìliàng zuì hǎo de dōngxi | 东西　dōngxi |  |  |  |
|  | 用了多长时间<br>yòngle duō cháng shíjiān |  |  |  |
| 最上当的东西<br>zuì shàngdàng de dōngxi | 东西　dōngxi |  |  |  |
|  | 有什么问题<br>yǒu shénme wèntí |  |  |  |
| 最喜欢的东西<br>zuì xǐhuan de dōngxi | 东西　dōngxi |  |  |  |
|  | 喜欢的原因<br>xǐhuan de yuányīn |  |  |  |
|  |  |  |  |  |

# Unit 6　Talking about Shopping

## 4　值得推荐的消费场所　Places of consumption worth recommending

**班级活动**　新年快到了，大家都在准备为新年大餐和新年联欢会大采购。

**Class activity:** Imagine the New Year is coming. Everyone is preparing to buy things for a dinner and party on New Year's Eve.

（1）你知道哪些值得推荐的消费场所？推荐理由是什么？请选出三个最佳购物场所。
Where would you recommend shopping for party supplies and why? Make three suggestions.

（2）制作一份购物清单，并标明去哪儿购买。
Make a shopping list including where to go for each item.

## 四　语法点注释　GRAMMAR NOTES

### 1　转折复句：虽然……，但是……
Transitional compound sentence: 虽然……，但是……

"虽然……但是……"构成表示转折关系的复句。"虽然"用于第一个分句，既可以在主语前，也可以在主语后。"但是"应该在第二分句句首。例如：

"虽然……但是……" is used in a transitional compound sentence. "虽然" is used in the first clause either before or after the subject, and "但是" is used at the beginning of the second clause, e.g.,

① 虽然 我们 很累，但是 我们 都 很 高兴。
　 Suīrán wǒmen hěn lèi, dànshì wǒmen dōu hěn gāoxìng.

"不过"和"但是"都是表示转折语气的连词，用在后半句。二者不同之处在于，"不过"只表示轻微的转折，没有"但是"转折的语气强烈；"不过"多用于口语。例如：

"不过" and "但是" are both conjunctions used in the second clause to indicate transition. "不过" shows a slight transition and is weaker than "但是". "不过" is often used in spoken Chinese, e.g.,

② 那个 手机 很 漂亮，不过 有点儿 贵。
　 Nàge shǒujī hěn piàoliang, búguò yǒudiǎnr guì.

③ 我 很 想 去，但是 没有 时间。
　 Wǒ hěn xiǎng qù, dànshì méiyǒu shíjiān.

### 2　"不如"表示比较　"不如" indicating comparison

"A 不如 B"的意思是"A 没有 B 好"。例如：
"A不如B" means "A is not as good as B", e.g.,

① 这 本 书 不如 那 本 书。
　　Zhè běn shū bùrú nà běn shū.

"不如"后边一般是表示积极意义的词语。例如：
"不如" is generally followed by words positive in meaning, e.g.,

② 他 不如 哥哥 高。
　　Tā bùrú gēge gāo.

"A不如B+形容词"中形容词前没有副词。例如：
In the structure "A不如B + adjective", the adjective is not preceded by an adverb, e.g.,

③ 这个 手机 质量 不如 那个 好。
　　Zhège shǒujī zhìliàng bùrú nàge hǎo.

### 3　用"好吗""怎么样""行吗"的疑问句
Interrogative sentence using "好吗"，"怎么样"，"行吗"

在提出建议征询对方的意见时，可以使用"好吗""怎么样""行吗"提问。问句的前一部分是陈述句。例如：

"好吗"，"怎么样" or "行吗" may be added to the end of a statement to make a suggestion or ask for advice from another party, e.g.,

① 我们 喝茶，好 吗？
　　Wǒmen hē chá, hǎo ma?

② 星期天 你陪我 逛 雅秀 市场， 怎么样？
　　Xīngqītiān nǐ péi wǒ guàng Yǎxiù shìchǎng, zěnmeyàng?

③ 我 明天 去，行 吗？
　　Wǒ míngtiān qù, xíng ma?

表示同意时可以用"好""行"回答。
One can say "好" or "行" in reply to show agreement.

## Unit 6  Talking about Shopping

# 五 学习后任务  REVIEW TASKS

### 1  采访  Interview

分别采访一位男士和一位女士，问他们是否购买过以下商品，去哪里购买的。
Interview a man and a woman: find out whether they bought the following articles and where they bought them.

|  | 男 nán | 女 nǚ |
|---|---|---|
| 生活用品 shēnghuó yòngpǐn |  |  |
| 学习用品 xuéxí yòngpǐn |  |  |
| 运动用品 yùndòng yòngpǐn |  |  |
| 衣服 yīfu |  |  |
| 鞋 xié |  |  |
| 蔬菜、水果 shūcài、shuǐguǒ |  |  |
| 饮料 yǐnliào |  |  |

### 2  调查  Survey

就"最喜欢的购物场所"对3~5人进行调查，看不同年龄、性别的人在购物方面有什么不同。

Ask 3-5 people about their favorite shopping destinations. Are there differences in their shopping behaviors due to age or gender?

|  | 超市 chāoshì | 市场 shìchǎng | 书店 shūdiàn | 商场 shāngchǎng | 购物网站 gòuwù wǎngzhàn |
|---|---|---|---|---|---|
| 1 |  |  |  |  |  |
| 2 |  |  |  |  |  |
| 3 |  |  |  |  |  |
| 4 |  |  |  |  |  |
| 5 |  |  |  |  |  |

## 六 自我评估　SELF-EVALUATION

### 1 你认识这些生词吗　Do you know these new words

请在你认识的生词前打√，然后数一下你认识的生词数。

Please tick √ before the words you know, and then count them.

| ☐ 东西 | ☐ 商场 | ☐ 市场 | ☐ 水果 | ☐ 蔬菜 | ☐ 服装 | ☐ 电子 |
| ☐ 用品 | ☐ 购物 | ☐ 网站 | ☐ 价格 | ☐ 牌子 | ☐ 可靠 | ☐ 款式 |
| ☐ 比较 | ☐ 虽然 | ☐ 但是 | ☐ 不如 | ☐ 什么的 | ☐ 最好 | ☐ 上当 |

认识18~21个：太棒了！
Knowing 18-21 words: Wonderful!

认识14~17个：不错，要更加努力。
Knowing 14-17 words: Good. Please make more efforts.

认识14个以下：得复习复习。加油啊！
Knowing fewer than 14 words: Please review the lesson.

### 2 选一选，测一测　Choose and test

在正确的句子或合适的答句前打√，看看你语法学得怎么样。

Tick √ before the right sentences or answers to check how well you have learned the grammar.

① A. 商店 的 东西不如 市场 的多。[→②]
　　Shāngdiàn de dōngxi bùrú shìchǎng de duō.

　B. 商店 的 东西不如 市场 的少。[→③]
　　Shāngdiàn de dōngxi bùrú shìchǎng de shǎo.

② A. 虽然 这个 电视 比较 贵，但是 质量 非常 好。[→⑤]
　　Suīrán zhège diànshì bǐjiào guì, dànshì zhìliàng fēicháng hǎo.

B. 虽然 这个 电视 比较 贵，质量 但是 非常 好。[→④]
Suīrán zhège diànshì bǐjiào guì, zhìliàng dànshì fēicháng hǎo.

③ A. 我 觉得 蔬菜 不如 水果 好 吃。[→②]
Wǒ juéde shūcài bùrú shuǐguǒ hǎo chī.

B. 我 觉得 蔬菜 不如 水果 很 好 吃。[→C]
Wǒ juéde shūcài bùrú shuǐguǒ hěn hǎo chī.

④ A. 那个 商场 虽然 不大，但是 东西 很 多。[→⑤]
Nàgè shāngchǎng suīrán bú dà, dànshì dōngxi hěn duō.

B. 那个 商场 虽然 不大，东西 但是 很 多。[→D]
Nàgè shāngchǎng suīrán bú dà, dōngxi dànshì hěn duō.

⑤ 你 陪 我 去 雅秀 市场，怎么样？
Nǐ péi wǒ qù Yǎxiù shìchǎng, zěnmeyàng?

A. 雅秀 市场 很 好。[→B]
Yǎxiù shìchǎng hěn hǎo.

B. 好 啊。[→A]
Hǎo a.

A. 太棒了，你语法学得非常好！
Wonderful, you have learned the grammar very well!

B. 你的语法学得不错。不过要注意"……，怎么样？"表示征求对方对自己建议的意见。
You have learned the grammar well. However, please note "……, 怎么样？" is used to ask the other party for his/her opinion about the suggestion you made.

C. 注意"不如"表示比较的用法，请认真看一下语法点注释2。
Pay attention that "不如" is used to indicate comparison. Refer to Grammar Note 2 for more details.

D. 注意"虽然……但是……"的用法，请认真看一下语法点注释1。
Pay attention to the usage of "虽然……但是……". Refer to Grammar Note 1 for more details.

## 文化小贴士 CULTURAL NOTES

### （一）你知道吗 Do You Know

**中关村——中国的硅谷(guīgǔ)**
**Zhongguancun — China's Silicon Valley**

"中关村"在北京市海淀区，那里有很多电子市场，附近还有很多名牌大学，比如北京大学、清华大学等。从20世纪80年代起，中关村逐渐发展成为中国的高科技中心，被称为中国的"硅谷"。汉语里"村"的意思是村子，"中关村"应该是中国最现代化的"村子"之一。现在很多人亲切地叫它"村儿"。

Located in Beijing's Haidian District, Zhongguancun has many electronics markets and is surrounded by a number of esteemed universities, including Peking University and Tsinghua University, etc. It has gradually turned into a high-tech hub and has been known as the "China's Silicon Valley" since the 1990s. "Cun" in Chinese means village, Zhongguancun is thus considered the most modernized "village" in China and is called "Cunr" by many people.

### （二）图片看中国 China in Pictures

北京潘家园旧货市场
Běijīng Pānjiāyuán Jiùhuò Shìchǎng
The flea market in Panjiayuan, Beijing

上海南京路
Shànghǎi Nánjīng Lù
Nanjing Road in Shanghai

天津滨江道
Tiānjīn Bīnjiāng Dào
Binjiang Road in Tianjin

# 第七单元
# Unit 7

# 谈假日经历

## Talking about Experiences on a Day Off

| 话题<br>Topic | 谈论休闲活动和感受<br>Talking about leisurely activities and feelings |
|---|---|
| 任务目标<br>Instructional Objectives | 能描述在某段时间所从事的活动以及自己的感觉和印象<br>Students can describe the activities they participate in during a period of time and their feelings and impressions of them. |
| 重点词语<br>Key Words | 假期 jiàqī、感受 gǎnshòu、快乐 kuàilè、有意思 yǒu yìsi、有意义 yǒu yìyì、难忘 nánwàng、逛街 guàng jiē、聊天儿 liáo tiānr、睡懒觉 shuì lǎn jiào、来着 láizhe、不但 búdàn |
| 重点语句<br>Key Sentences | 1. 我跟小丽一起去雅秀市场来着。Wǒ gēn Xiǎolì yìqǐ qù Yǎxiù shìchǎng láizhe.<br>2. 逛街不但能买东西，还能锻炼身体。<br>　Guàng jiē búdàn néng mǎi dōngxi, hái néng duànliàn shēntǐ.<br>3. 这哪是锻炼身体啊？Zhè nǎ shì duànliàn shēntǐ a? |
| 语法点<br>Grammar Points | 1. 助词"来着" The particle "来着"<br>2. 递进复句：不但……，还…… Progressive compound sentence: 不但……，还……<br>3. 反问句：哪……啊？ Rhetorical question: 哪……啊？ |

# New Target Chinese Spoken Language (3)

## 导入　WARM-UP

周末的时候你常做什么？假期呢？

Zhōumò de shíhou nǐ cháng zuò shénme? Jiàqī ne?

What do you usually do on weekends? What do you do on vacations?

##  头脑风暴　BRAINSTORM

周末　zhōumò　weekend

逛街
guàng jiē
to go shopping

登山
dēng shān
to climb a mountain

玩儿游戏
wánr yóuxì
to play games

健身
jiànshēn
to exercise

练瑜伽
liàn yújiā
to practice yoga

唱卡拉OK
chàng kǎlā OK
to sing karaoke

聊天儿
liáo tiānr
to chat

聚会
jùhuì
to have a party

睡懒觉
shuì lǎn jiào
to sleep in, to sleep late

经常
jīngcháng
often

有时候
yǒu shíhou
sometimes

偶尔
ǒu'ěr
occasionally

不常
bùcháng
not often

从不
cóngbù
never

# Unit 7　Talking about Experiences on a Day off

第七单元　谈假日经历

## 二　生词总动员　WORD POWER

### 1　周末活动　Activities on weekends

**两人活动**　读一读以下词语。周末你们常这样做吗？你们还常做什么？请写下来，并进行问答。

**Pair work:** Read the following words. Do you often do such things on weekends? What else do you usually do? Please write them down. Ask and answer questions about them.

- ☐ 逛街 guàng jiē
- ☐ 登山 dēng shān
- ☐ 聚会 jùhuì
- ☐ 聊天儿 liáo tiānr
- ☐ 练瑜伽 liàn yújiā
- ☐ 健身 jiànshēn
- ☐ 玩儿游戏 wánr yóuxì
- ☐ 唱卡拉OK chàng kǎlā OK
- ☐ 睡懒觉 shuì lǎn jiào

经常 jīngcháng　　有时候 yǒu shíhou　　偶尔 ǒu'ěr　　不常 bù cháng　　从不 cóngbù

103

# New Target Chinese Spoken Language (3)

A: 周末 你 经常 逛 街 吗?
Zhōumò nǐ jīngcháng guàng jiē ma?

B: 我 偶尔 陪 朋友 去 逛 街。周末 你 常 做 什么?
Wǒ ǒu'ěr péi péngyou qù guàng jiē. Zhōumò nǐ cháng zuò shénme?

A: 我 常 睡 懒觉。
Wǒ cháng shuì lǎn jiào.

## 2 感受 Feelings

**小组活动** 将以下活动和你的感受连接起来，并向同学介绍。

**Group work:** Match the following activities with your feelings, and then tell your classmates about them.

有意思
yǒu yìsi

无聊
wúliáo

有意义
yǒu yìyì

# Unit 7　Talking about Experiences on a Day off

A: 你觉得 逛 街有意思吗?
　　Nǐ juéde guàng jiē yǒu yìsi ma?

B: 我 觉得 逛 街很 有意思。/
　　Wǒ juéde guàng jiē hěn yǒu yìsi. /

　　我 觉得 逛 街 没有意思，很 无聊。
　　Wǒ juéde guàng jiē méiyǒu yìsi, hěn wúliáo.

## 生词大盘点　VOCABULARY LIST

| | | | | |
|---|---|---|---|---|
| 1 | 假期 | jiàqī | 名 | holiday, vacation |
| 2 | 女人 | nǚrén | 名 | woman |
| 3 | 男人 | nánrén | 名 | man |
| 4 | 老人 | lǎorén | 名 | elder |
| 5 | 瑜伽 | yújiā | 名 | yoga |
| 6 | 游戏 | yóuxì | 名 | game |
| 7 | 心情 | xīnqíng | 名 | mood |
| 8 | 聚会 | jùhuì | 动/名 | to have a party, to get together; get-together |
| 9 | 逛街 | guàng jiē | | to go shopping |
| 10 | 登山 | dēng shān | | to climb a mountain |
| 11 | 聊天儿 | liáo tiānr | | to chat |
| 12 | 睡懒觉 | shuì lǎn jiào | | to sleep in, to sleep late |
| 13 | 锻炼 | duànliàn | 动 | to do physical exercise |
| 14 | 过 | guò | 动 | to pass the time |
| 15 | 明白 | míngbai | 动 | to get to know, to understand |
| 16 | 选 | xuǎn | 动 | to select, to choose |
| 17 | 感受 | gǎnshòu | 动 | to feel, to experience |
| 18 | 无聊 | wúliáo | 形 | boring |
| 19 | 快乐 | kuàilè | 形 | happy |
| 20 | 难忘 | nánwàng | 形 | unforgettable |
| 21 | 有意思 | yǒu yìsi | | interesting |
| 22 | 有意义 | yǒu yìyì | | meaningful |

# New Target Chinese Spoken Language (3)

| 23 | 这么 | zhème | 代 | so, such |
|----|------|-------|----|----------|
| 24 | 白 | bái | 副 | in vain |
| 25 | 偶尔 | ǒu'ěr | 副 | occasionally |
| 26 | 从不 | cóng bù | | never |
| 27 | 不但 | búdàn | 连 | not only |
| 28 | 来着 | láizhe | 助 | an auxiliary word, indicating something that happened before |
| 29 | 那还用说 | nà hái yòng shuō | | of course |
| 30 | 走不动 | zǒu bu dòng | | can not take another step (because of tiredness or weakness) |
| 31 | 挺……的 | tǐng……de | | quite |
| 32 | 哪儿啊 | nǎr a | | not at all |

## 专有名词 Proper Noun

| 香山 | Xiāng Shān | Fragrant Hills |

## 二 任务及活动 TASKS AND ACTIVITIES

### （一）任务示范 Task Demonstration

**故事场景** 查理和艾娜聊天儿。

**The scene of the story:** Charlie is chatting with Edna.

查理：你 周末 过 得 怎么样？
Chálǐ: Nǐ zhōumò guò de zěnmeyàng?

艾娜：挺 好的，我 跟 小丽一起去 雅秀 市场 来着。
Àinà: Tǐng hǎo de, wǒ gēn Xiǎolì yìqǐ qù Yǎxiù shìchǎng láizhe.

查理：看 你 这么 高兴，一定 买了 很 多 东西 吧？
Chálǐ: Kàn nǐ zhème gāoxìng, yídìng mǎile hěn duō dōngxi ba?

# Unit 7  Talking about Experiences on a Day off

艾娜: 那还用说。我们两个人谁都没白去。我们从上午一直逛到晚上，累得走不动了才回来。
Àinà: Nà hái yòng shuō. Wǒmen liǎng ge rén shéi dōu méi bái qù. Wǒmen cóng shàngwǔ yìzhí guàngdào wǎnshang, lèi de zǒu bu dòng le cái huílai.

查理: 逛街这么累，真不明白为什么那么多女人爱逛街。
Chálǐ: Guàng jiē zhème lèi, zhēn bù míngbai wèi shénme nàme duō nǚrén ài guàng jiē.

艾娜: 逛街不但能买东西，还能锻炼身体，多好啊！
Àinà: Guàng jiē búdàn néng mǎi dōngxi, hái néng duànliàn shēntǐ, duō hǎo a!

查理: 这哪是锻炼身体啊？像我们一样去登山，那才叫锻炼身体呢。
Chálǐ: Zhè nǎ shì duànliàn shēntǐ a? Xiàng wǒmen yíyàng qù dēng shān, nà cái jiào duànliàn shēntǐ ne.

艾娜: 你又爬山去了？
Àinà: Nǐ yòu pá shān qù le?

查理: 是啊。星期六我们爬香山来着。
Chálǐ: Shì a. Xīngqīliù wǒmen pá Xiāng Shān láizhe.

艾娜: 香山？不是很多老人特别爱去吗？多容易爬啊。
Àinà: Xiāng Shān? Bú shì hěn duō lǎorén tèbié ài qù ma? Duō róngyì pá a.

查理: 哪儿啊，我们选的可不是老人们走的那条路，那天我们走了七八个小时的山路呢！
Chálǐ: Nǎr a, Wǒmen xuǎn de kě bú shì lǎorénmen zǒu de nà tiáo lù, nà tiān wǒmen zǒule qī bā ge xiǎoshí de shānlù ne!

艾娜: 你们一定很累吧？
Àinà: Nǐmen yídìng hěn lèi ba?

查理: 累是累，但是心情愉快！
Chálǐ: Lèi shì lèi, dànshì xīnqíng yúkuài!

第七单元  谈假日经历

# New Target Chinese Spoken Language (3)

## （二）分步任务活动　Perform the Tasks Step by Step

**1　多了解对方**　Know more about each other

**两人活动**：根据提示词，用"来着"相互了解对方昨天的情况，了解得越多越好。

Pair work: Get to know what the other party did yesterday using "来着" based on the hints given. The more information you get, the better you learn.

早饭 吃的 什么
zǎofàn chī de shénme

是 几 点 到 教室 的
shì jǐ diǎn dào jiàoshì de

去 哪儿 了
qù nǎr le

做 什么 了
zuò shénme le

跟 谁 一起
gēn shéi yìqǐ

……

**例**

A：昨天 下课以后你去哪儿来着？
　　Zuótiān xià kè yǐhòu nǐ qù nǎr láizhe?

B：我 去 超市 来着。
　　Wǒ qù chāoshì láizhe.

**两人活动**：请你为朋友制作一个个人简介，利用下表的调查信息。对不确定的信息用"来着"进行提问。

Pair work: Please make a brief introduction of your friend based on the following table. Ask questions using "来着" to learn the information you are unclear about.

| | |
|---|---|
| 中文名字<br>Zhōngwén míngzi | |
| 年龄<br>niánlíng | |
| 生日<br>shēngrì | |
| 家乡<br>jiāxiāng | |
| 会说什么语言（language）<br>huì shuō shénme yǔyán | |

# Unit 7  Talking about Experiences on a Day off

## 第七单元 谈假日经历

| | |
|---|---|
| 有什么爱好<br>yǒu shénme àihào | |
| 喜欢吃什么<br>xǐhuan chī shénme | |
| 喜欢喝什么<br>xǐhuan hē shénme | |
| 喜欢的明星（star）<br>xǐhuan de míngxīng | |
| 喜欢的动物（animal）<br>xǐhuan de dòngwù | |
| 喜欢的电影<br>xǐhuan de diànyǐng | |
| 想做什么工作<br>xiǎng zuò shénme gōngzuò | |
| 最想去哪儿旅行<br>zuì xiǎng qù nǎr lǚxíng | |

## 2  不仅如此   More than that

**两人活动**：根据以下各图，说说这些活动的优点和缺点，商量一下周末做什么好。

**Pair work:** Look at the following pictures and talk about the advantages and disadvantages of these activities. Discuss what you would do on this weekend.

逛　街　不但　能　买　东西，还　能　锻炼　身体。
Guàng jiē  búdàn néng mǎi dōngxi,  hái néng duànliàn shēntǐ.

# New Target Chinese Spoken Language (3)

**小组活动** 谈谈你们去过的最有意思的地方，在说明原因的时候用"不但……还……"。

**Group work:** Talk about the most interesting place you have been to and explain why using "不但……还……".

例　北京 不但 有 很 多 高楼 大厦， 还有 很 多 名胜 古迹。
　　Běijīng búdàn yǒu hěn duō gāolóu dàshà, háiyǒu hěn duō míngshèng gǔjì.

## 3 唱反调 Sing a different tune

**两人活动** 一个同学根据提示词对以下各图进行描述，另一个同学用"……哪……啊？"进行反驳。

**Pair work:** One student describes the following pictures based on the words given, and then the other student refutes him/her using "……哪……啊？".

逛街 guàng jiē　　唱卡拉OK chàng kǎlā OK　　踢足球 tī zúqiú　　做饭 zuò fàn

快 kuài　　有意思 yǒu yìsi　　方便 fāngbiàn　　精彩 jīngcǎi

例
A：逛 街能 锻炼 身体。
　　Guàng jiē néng duànliàn shēntǐ.
B：逛 街哪能 锻炼 身体啊？登 山才 锻炼 身体呢！
　　Guàng jiē nǎ néng duànliàn shēntǐ a? Dēng shān cái duànliàn shēntǐ ne!

# Unit 7 Talking about Experiences on a Day off

## （三）综合任务活动　Comprehensive Tasks

**1　谈周末经历**　Talk about your experience on a weekend

**单人活动**：根据"任务示范"完成下文。

**Individual work:** Complete the following passage according to the "Task Demonstration".

---

周末，艾娜跟小丽一起……。她们买了很多东西，……白去。她们从……到晚上，……才回来。艾娜觉得逛街不但……，还……，她很喜欢。

查理不喜欢……，他不明白为什么……。他觉得……不算 (to regard as, to count as) 锻炼，……才算。上个星期六……来着。他们走了……。虽然有点儿累，但是……。

Zhōumò, Àinà gēn Xiǎolì yìqǐ……. Tāmen mǎile hěn duō dōngxi, …… bái qù. Tāmen cóng …… dào wǎnshang, …… cái huílai. Àinà juéde guàng jiē búdàn……, hái……, tā hěn xǐhuan.

Chálǐ bù xǐhuan ……, tā bù míngbai wèi shénme ……. Tā juéde …… bú suàn duànliàn, …… cái suàn. Shàng ge xīngqīliù …… láizhe. Tāmen zǒule ……. Suīrán yǒudiǎnr lèi, dànshì …….

---

**两人活动**：相互介绍一下自己的周末经历，由一名同学向全班汇报。

**Pair work:** Talk to each other about your experience on the weekend. One of you will make a presentation to the class.

# New Target Chinese Spoken Language (3)

## 2 谈假期经历　Talk about the experience in a vacation

**表演活动**　假期过后，A和B谈起假期经历。A假期在饭馆打工，B假期参加了一个中国武术学习班，学了些功夫。

**Role-play:** A and B are talking about their experiences on their vacation—A took a part-time job and B took a martial arts course to learn kung fu.

A: ……，你假期……？
　　……，nǐ jiàqī……？

B: ……，我……来着。
　　……，wǒ……láizhe.

A: 看你……，一定……吧？
　　Kàn nǐ……，yídìng……ba?

B: 那还用说。……。
　　Nà hái yòng shuō,…….

A: ……这么 (so, such) ……，真不明白……。
　　……zhème……，zhēn bù míngbai…….

B: ……不但……，还……，多好啊！你假期做什么了？
　　……búdàn……，hái……，duō hǎo a! Nǐ jiàqī zuò shénme le?

A: 我……来着。
　　Wǒ……láizhe.

B: 你又……了？听着就……。
　　Nǐ yòu……le? Tīngzhe jiù…….

A: ……是……，不过……。
　　……shì……，búguò…….

## 3 难忘的一天　An unforgettable day

**小组活动**　根据提示，互相介绍某一天的经历，并说说为什么这一天让你难忘，然后向全班汇报。

**Group work:** Talk about an unforgettable day and explain why it was unforgettable following the examples given. Then report to the class.

# Unit 7　Talking about Experiences on a Day off

|  | 姓名 Name | 时间 Time | 原因 Reason | 感受 Feeling |
|---|---|---|---|---|
| e.g. | 查理<br>Chálǐ | 上个星期六<br>shàng ge xīngqīliù | 去香山登山<br>qù Xiāng Shān dēng shān | 心情愉快<br>xīnqíng yúkuài |
| e.g. | 大龙<br>Dàlóng | 去年9月1日<br>qùnián jiǔ yuè yī rì | 认识小丽和她家人<br>rènshi Xiǎolì hé tā jiārén | 非常开心<br>fēicháng kāixīn |
| 1 |  |  |  |  |
| 2 |  |  |  |  |
| 3 |  |  |  |  |

**例**

　　查理觉得最难忘的一天是上个星期六，那天他和朋友一起爬香山来着，他觉得心情很愉快。我的朋友＿＿＿＿＿＿觉得最难忘的一天是＿＿＿＿＿＿，那天＿＿＿＿＿＿，他觉得＿＿＿＿＿＿。……

　　Chálǐ juéde zuì nánwàng de yì tiān shì shàng ge xīngqīliù, nà tiān tā hé péngyou yìqǐ pá Xiāng Shān láizhe, tā juéde xīnqíng hěn yúkuài. Wǒ de péngyou ＿＿＿＿ juéde zuì nánwàng de yì tiān shì ＿＿＿＿, nà tiān ＿＿＿＿, tā juéde ＿＿＿＿. ……

### 4　模拟采访　A simulated interview

**小组活动**　一位同学扮演记者，其他同学扮演不同身份的嘉宾，模拟采访活动。采访过程中记者需要了解各位嘉宾的兴趣爱好及度假方式。

**Group work:** Simulate an interview, with one student acting as a reporter and the other students acting as interviewees. In the interview, the reporter needs to get information about each interviewee's interests, hobbies and ways to spend his/her vacation.

|  | 身份<br>Identity | 兴趣爱好<br>Interests and hobbies | 度假方式<br>Ways to spend his/her vacation |
|---|---|---|---|
| 嘉宾1<br>Interviewee 1 |  |  |  |
| 嘉宾2<br>Interviewee 2 |  |  |  |
|  |  |  |  |
|  |  |  |  |
|  |  |  |  |

## 5  调查周末活动　A survey on the activities on weekends

**班级活动**　调查一下同学们周末喜欢做的事及原因，上个周末做什么了，觉得怎么样。

**Class activity:** Get to know what your classmates like to do on weekends and why. Then ask them what they did last weekend and how they felt about them.

| | 姓名<br>Name | 周末喜欢的活动<br>Favorite activity on weekends | 原因<br>Reason | 上周末的活动<br>Experience at the last weekend | 感觉<br>Feeling |
|---|---|---|---|---|---|
| e.g. | 艾娜<br>Àinà | 逛街<br>guàng jiē | 不但能买东西，还能锻炼身体<br>búdàn néng mǎi dōngxi, hái néng duànliàn shēntǐ | 去雅秀市场了<br>qù Yǎxiù shìchǎng le | 挺好的<br>tǐng hǎo de |
| 1 | | | | | |
| 2 | | | | | |
| 3 | | | | | |
| 4 | | | | | |

## 四　语法点注释　GRAMMAR NOTES

### 1　助词"来着"　The particle "来着"

"来着"表示已经发生过的事，用在句子的末尾。用"来着"的句子没有否定形式。在疑问句中，可以用"什么"、"哪"、"谁"等疑问代词构成特指疑问句进行提问。例如：

"来着" is used at the end of a sentence to indicate something that already happened. A sentence with "来着" doesn't have a negative form. In an interrogative sentence, an interrogative pronoun such as "什么", "哪" or "谁" can be used to ask a question, e.g.,

① 我 跟 小丽一起去雅秀 市场 来着。
　　Wǒ gēn Xiǎolì yìqǐ qù Yǎxiù shìchǎng láizhe.

② 刚才 我 跟 朋友 踢足球 来着。
　　Gāngcái wǒ gēn péngyou tī zúqiú láizhe.

③ 你们 去哪儿买 东西 来着？
　　Nǐmen qù nǎr mǎi dōngxi láizhe?

# Unit 7  Talking about Experiences on a Day off

"来着"用于特指问句，还可以表示原来知道可是现在想不起来了。例如：
"来着" is used in a special question with special reference, indicating one knew something, but now he/she doesn't remember it any more, e.g.,

④ 你 姐姐 叫 什么 名字 来着？
　 Nǐ jiějie jiào shénme míngzi láizhe?

⑤ "Shūyíng" 的 "yíng" 字 怎么 写 来着？
　 "Shūyíng" de "yíng" zì zěnme xiě láizhe?

## 2  递进复句：不但……，还…… Progressive compound sentence: 不但……，还……

在用"不但……，还……"的复句中，"还"引出的分句所表示的意思要比前一分句所表示的意思更进一步，或者补充更多的信息。例如：

In a compound sentence with "不但……，还……", the clause in which "还" is used goes further in meaning than what is said in the previous clause or supplements more information, e.g.,

① 她 不但 会 唱 歌，还 会 写 歌。
　 Tā búdàn huì chàng gē, hái huì xiě gē.

② 我 不但 知道 她，（我）还 见过 她 呢。
　 Wǒ búdàn zhīdào tā, (wǒ) hái jiànguo tā ne.

当两个分句主语相同时，主语在"不但"前边，后一分句的主语可以省略，若不省略，后一分的主语一定在"还"的前边，而不是后边。

If the two clauses have the same subject, the subject is used before "不但" and may be omitted in the second clause. If not omitted, the subject in the second clause is used before rather than after "还".

## 3  反问句：哪……啊？ Rhetorical question: 哪……啊？

反问句的作用是加强语气，把本来很明确的看法表现得更加鲜明、强烈。反问句分为肯定反问句和否定反问句，肯定反问句表达的是否定的意思，否定反问句表达的是肯定的意思。主语在"哪……啊"的前边。例如：

A rhetorical question is used to strengthen the tone, making an idea that is already pretty clear more distinctive and strong. There are two types of rhetorical questions, the affirmative and negative, with the former expressing negative meanings and the other expressing affirmative meanings. The subject is used before "哪儿……啊", e.g.,

① 我 哪 知道 啊？（强调我不知道）　② 他 哪 不 知道 啊？（强调他知道）
　 Wǒ nǎ zhīdào a?　　　　　　　　　 Tā nǎ bù zhīdào a?

③ 这 哪 是 锻炼 身体 啊？（强调这不是锻炼身体）
　 Zhè nǎ shì duànliàn shēntǐ a?

# New Target Chinese Spoken Language (3)

## 五 学习后任务 REVIEW TASKS

### 1 比较 Compare

比较一下你们国家现在人们过周末的方式与几十年前有什么不同。

How did people in your country spend their weekends in the past and how they spend their weekends now? Compare the differences.

### 2 调查 Survey

调查两个人上个周末有什么特别的经历，完成下表。

Ask two people about their experiences last weekend and complete the following table.

| | | |
|---|---|---|
| 姓名 xìngmíng | | |
| 在哪儿 zài nǎr | | |
| 跟谁 gēn shéi | | |
| 做什么 zuò shénme | | |
| 觉得怎么样 juéde zěnmeyàng | | |

## 六 自我评估 SELF-EVALUATION

### 1 你认识这些生词吗 Do you know these new words

请在你认识的生词前打✓，然后数一下你认识的生词数。

Please tick ✓ before the words you know, and then count them.

☐ 逛街　☐ 登山　☐ 聊天儿　☐ 聚会　☐ 瑜伽　☐ 女人　☐ 过

☐ 爱　☐ 明白　☐ 偶尔　☐ 从不　☐ 不但　☐ 来着　☐ 白

☐ 无聊　☐ 快乐　☐ 难忘　☐ 有意思　☐ 有意义　☐ 走不动　☐ 那还用说

# Unit 7  Talking about Experiences on a Day off

认识18~21个：太棒了！
Knowing 18-21 words: Wonderful!

认识14~17个：不错，要更加努力。
Knowing 14-17 words: Good. Please make more efforts.

认识14个以下：得复习复习。加油啊！
Knowing fewer than 14 words: Please review the lesson. Come on!

**2** 选一选，测一测  Choose and test

在正确的句子前打√，看看你语法学得怎么样。
Tick ✓ before the correct sentences to check how well you have learned the grammar.

① A. 她不但爱逛街，还爱登山。[→②]
   Tā búdàn ài guàng jiē, hái ài dēng shān.

   B. 不但她爱逛街，还爱登山。[→③]
   Búdàn tā ài guàng jiē, hái ài dēng shān.

② A. 哪他会瑜伽啊？[→④]
   Nǎ tā huì yújiā a?

   B. 他哪会瑜伽啊？[→⑤]
   Tā nǎ huì yújiā a?

③ A. 她不但会做中国菜，她还会做法国菜。[→②]
   Tā búdàn huì zuò Zhōngguó cài, tā hái huì zuò Fǎguó cài.

   B. 她不但会做中国菜，还她会做法国菜。[→C]
   Tā búdàn huì zuò Zhōngguó cài, hái tā huì zuò Fǎguó cài.

④ A. 我哪认识他啊？[→⑤]
   Wǒ nǎ rènshi tā a?

   B. 哪我认识他啊？[→D]
   Nǎ wǒ rènshi tā a?

⑤ A. 昨天你去哪儿来着了？[→B]
   Zuótiān nǐ qù nǎr láizhe le?

   B. 昨天你去哪儿了来着？[→A]
   Zuótiān nǐ qù nǎr le láizhe?

# New Target Chinese Spoken Language (3)

A. 太棒了！你语法学得非常好。
Wonderful, you have learned the grammar very well!

B. 你的语法学得不错。不过要注意"来着"一般用在句末。
You have learned the grammar well. However, please note "来着" is usually used at the end of a sentence.

C. 注意"不但……，还……"的用法，请认真看一下语法点注释2。
Pay attention to the usage of "不但……，还……". Refer to Grammar Note 2 for more details.

D. 注意反问句的用法，请认真看一下语法点注释3。
Pay attention to the usage of a rhetorical question. Refer to Grammar Note 3 for more details.

## 文化小贴士　CULTURAL NOTES

### （一）你知道吗　Do You Know

#### "充电" "Charge"

近年来，"充电"有了一个新的意思，是指人们（特别是已经工作了的人）通过学习丰富知识、提高自己的专业水平。现在利用周末等业余时间充电的人越来越多。

The word "charge" has developed a new meaning in recent years, which refers to people, especially those who have already been employed, try to update their knowledge, enrich themselves and improve their expertise. Now, an increasing number of people are "charging" in their spare time, such as on weekends.

# Unit 7  Talking about Experiences on a Day off

## (二) 图片看中国  China in Pictures

周末特长班——围棋班
zhōumò tècháng bān——wéiqí bān
Specialty class on weekends —Go class

户外活动
hùwài huódòng
Outdoor activities

周末聚会
zhōumò jùhuì
Party on weekends

# 第八单元
# Unit 8

# 各有所爱
## Talking about Hobbies

| 话题<br>Topic | 谈论爱好<br>Talk about hobbies |
|---|---|
| 任务目标<br>Instructional Objectives | 能谈论不同人的不同兴趣爱好<br>Students can talk about the different interests and hobbies of different people. |
| 重点词语<br>Key Words | 酷爱 kù'ài、拿手 náshǒu、宅 zhái、整天 zhěng tiān、<br>了如指掌 liǎorúzhǐzhǎng、恰恰相反 qiàqià xiāngfǎn、却 què、遍 biàn、<br>几乎 jīhū、外向 wàixiàng、内向 nèixiàng |
| 重点语句<br>Key Sentences | 1. 一到周末，他就叫上几个朋友一起去郊外登山、攀岩。Yí dào zhōumò, tā jiù jiàoshang jǐ ge péngyou yìqǐ qù jiāowài dēng shān、pānyán.<br>2. 他整天就喜欢宅在家里玩儿游戏、写博客，恨不得顿顿饭都叫外卖。Tā zhěngtiān jiù xǐhuan zhái zài jiāli wánr yóuxì、xiě bókè, hèn bu de dùndùn fàn dōu jiào wàimài.<br>3. （她）被朋友们称为"麦霸"。(Tā) bèi péngyoumen chēngwéi "màibà". |
| 语法点<br>Grammar Points | 1. 一……就……  The structure 一……就……<br>2. 恨不得  The use of 恨不得<br>3. 被动句  Passive sentence |

# New Target Chinese Spoken Language (3)

## 导入 WARM-UP

你平时都有哪些爱好？你跟朋友们的爱好一样吗？

Nǐ píngshí dōu yǒu nǎxiē àihào? Nǐ gēn péngyǒumen de àihào yíyàng ma?

What are your hobbies? Do you have the same hobbies as your friends?

## 头脑风暴 BRAINSTORM

爱好 àihào hobbies
- 户外 hùwài outdoor
  - 登山 dēng shān — to climb a mountain
  - 攀岩 pānyán — to go rock climbing
  - 野营 yěyíng — to go camping
  - 潜水 qiánshuǐ — to dive
  - 跑酷 pǎokù — to parkour
- 健身房 jiànshēnfáng fitness center
  - 瑜伽 yújiā — to practice yoga
  - 跆拳道 táiquándào — to practice taekwondo
  - 健美操 jiànměicāo — to do aerobatics
  - 健身器械 jiànshēn qìxiè — fitness equipment

运动达人 yùndòng dárén athletic expert

- KTV
  - 唱歌 chàng gē — to sing

麦霸 màibà — karaoke master

# Unit 8  Talking about Hobbies

##  生词总动员　WORD POWER

### 1　他们有什么爱好　What hobbies do they have

（1）将图片和爱好连起来。
Match the following pictures and the hobbies.

（2）看图片，说说他们的爱好是什么，你最喜欢哪个。
Look at the pictures and discuss: What are their hobbies? Which of the following do you like the most?

| 登山 | 攀岩 | 健身 | 跆拳道 | 瑜伽 | 玩儿游戏 | 写博客 |
| dēng shān | pānyán | jiànshēn | táiquándào | yújiā | wánr yóuxì | xiě bókè |

# New Target Chinese Spoken Language (3)

> 例
> 
> 他的爱好是……。
> Tā de àihào shì…….
> 
> 这些（these）爱好里，我最喜欢……。
> Zhèxiē àihào li, wǒ zuì xǐhuan…….

**2** 将下面的爱好归类  Classify the following hobbies

A. 登山  dēng shān
B. 玩儿游戏  wánr yóuxì
C. 练跆拳道  liàn táiquándào
D. 写博客  xiě bókè

E. 攀岩  pānyán
F. 唱卡拉ok  chàng kǎlā OK
G. 练瑜伽  liàn yújiā
H. 上网聊天儿  shàng wǎng liáo tiānr

I. 玩儿健身器械  wánr jiànshēn qìxiè

① 他酷爱户外运动，比如：_____。
　 Tā kù'ài hùwài yùndòng, bǐrú：_____.

② 他是个宅男，整天就喜欢宅在家里_____。
　 Tā shì ge zháinán, zhěngtiān jiù xǐhuan zhái zài jiāli_____.

③ 他是个麦霸，特别喜欢_____。
　 Tā shì ge màibà, tèbié xǐhuan_____.

④ 他是个健身达人，什么_____样样拿手。
　 Tā shì ge jiànshēn dárén, shénme_____yàngyàng náshǒu.

## 生词大盘点  VOCABULARY LIST

| | | | | |
|---|---|---|---|---|
| 1 | 攀岩 | pānyán | 动 | to climb rock |
| 2 | 跆拳道 | táiquándào | 名 | taekwondo |
| 3 | 博客 | bókè | 名 | blog |
| 4 | 酷爱 | kù'ài | 动 | to have a keen interest in (something) |
| 5 | 户外 | hùwài | 名/形 | outdoor |
| 6 | 器械 | qìxiè | 名 | equipment |
| 7 | 宅 | zhái | 名 | house, residence |
| 8 | 麦霸 | màibà | 名 | karaoke master |
| 9 | 达人 | dárén | 名 | expert |

# Unit 8　Talking about Hobbies

| 10 | 郊外 | jiāowài | 名 | outskirts, suburb |
|---|---|---|---|---|
| 11 | 附近 | fùjìn | 名 | near |
| 12 | 网店 | wǎngdiàn | 名 | online store |
| 13 | 外卖 | wàimài | 名/动 | take-out; to provide takeaway/take-out service |
| 14 | 样 | yàng | 量 | kind, type, sort |
| 15 | 顿 | dùn | 量 | *a measure word for meals* |
| 16 | 遍 | biàn | 量 | *(a measure word for actions)* once through |
| 17 | 拿手 | náshǒu | 形 | good at, skilled in |
| 18 | 新 | xīn | 形 | new |
| 19 | 外向 | wàixiàng | 形 | extroverted |
| 20 | 内向 | nèixiàng | 形 | introverted |
| 21 | 比如 | bǐrú | 动 | to take…as an example |
| 22 | 几乎 | jīhū | 副 | almost |
| 23 | 刚 | gāng | 副 | just, very recently |
| 24 | 却 | què | 副 | *(indicating a transition)* but, yet, however |
| 25 | 被 | bèi | 介/助 | *(used in the passive voice to indicate the subject of the sentence is the recipient of an action)* by |
| 26 | 嘛 | ma | 助 | *a particle using at end of a sentence indicating that something is obvious* |
| 27 | 不同 | bù tóng | | different |
| 28 | 恰恰相反 | qiàqià xiāngfǎn | | just the opposite, exactly the reverse |
| 29 | 整天 | zhěng tiān | | all day long, day and night |
| 30 | 恨不得 | hèn bu de | | how one wishes one could |
| 31 | 称为 | chēng wéi | | to be called |
| 32 | 种 | zhǒng | | kind, type |
| 33 | 了如指掌 | liǎorúzhǐzhǎng | | to know something perfectly well |
| 34 | 萝卜青菜，各有所爱 | luóbo qīngcài, gè yǒu suǒ ài | | everybody has his own preferences |

# New Target Chinese Spoken Language (3)

## 二 任务及活动　TASKS AND ACTIVITIES

### （一）任务示范　Task Demonstration

**故事场景**　大龙在自己的博客中发了一篇博文。

The scene of the story: Dalong is posting a blog.

最近我交了几个新朋友，他们来自不同的国家，性格不同，
Zuìjìn wǒ jiāole jǐ ge xīn péngyou, tāmen láizì bù tóng de guójiā, xìnggé bù tóng,

爱好也不同。查理酷爱户外运动，一到周末，他就叫上几个朋友
àihào yě bù tóng. Chálǐ kù'ài hùwài yùndòng, yí dào zhōumò, tā jiù jiàoshang jǐ ge péngyou

一起去郊外登山、攀岩，北京附近的山他几乎都走遍了。而麦克
yìqǐ qù jiāowài dēng shān、pānyán, Běijīng fùjìn de shān tā jīhū dōu zǒubiàn le. Ér Màikè

却恰恰相反，他是个典型的"宅男"，整天就喜欢宅在家里玩儿
què qiàqià xiāngfǎn, tā shì ge diǎnxíng de "zháinán", zhěngtiān jiù xǐhuan zhái zài jiālǐ wánr

游戏、写博客、上网聊天儿，就连买东西逛的也都是网店，
yóuxì、xiě bókè、shàng wǎng liáo tiānr, jiù lián mǎi dōngxi guàng de yě dōu shì wǎngdiàn,

恨不得顿顿饭都叫外卖。艾娜是个特别活泼的女孩儿，一有空儿
hèn bu de dùndùn fàn dōu jiào wàimài. Àinà shì ge tèbié huópō de nǚháir, yì yǒu kòngr

就喜欢去卡拉OK唱歌，她经常一个人一唱就是两三个小时，
jiù xǐhuan qù kǎlā OK chàng gē, tā jīngcháng yí ge rén yí chàng jiù shì liǎng sān ge xiǎoshí,

被朋友们称为"麦霸"。还有个朋友叫李伟，他可是个健身
bèi péngyǒumen chēngwéi "màibà". Hái yǒu ge péngyǒu jiào Lǐ Wěi, tā kě shì ge jiànshēn

达人，什么瑜伽、跆拳道样样拿手，对
dárén, shénme yújiā、táiquándào yàngyàng náshǒu, duì

健身房中的各种器械也都
jiànshēnfáng zhōng de gè zhǒng qìxiè yě dōu

了如指掌。对了，今天上课刚
liǎorúzhǐzhǎng. Duìle, jīntiān shàng kè gāng

学了句俗话叫"萝卜青菜，各有所爱"，说
xuéle jù súhuà jiào "luóbo qīngcài, gè yǒu suǒ ài", shuō

的不就是他们嘛。
de bú jiù shì tāmen ma.

# Unit 8　Talking about Hobbies

## （二）分步任务活动　Perform the Tasks Step by Step

### 1　爱好与性格　Hobbies and characters

**两人活动**：根据下面三个人的性格特点，猜猜他们的爱好可能是什么。

**Pair work:** Guess the following three persons' hobbies based on their characters.

| | 性格<br>xìnggé | 爱好可能是<br>àihào kěnéng shì |
|---|---|---|
| 大卫<br>Dàwèi | 热情、开朗、外向<br>rèqíng、kāilǎng、wàixiàng | |
| 玛丽<br>Mǎlì | 活泼、可爱、幽默<br>huópō、kě'ài、yōumò | |
| 杰克<br>Jiékè | 腼腆、内向<br>miǎntiǎn、nèixiàng | |

**两人活动**：先将A句和B句连线，然后完成带有"一……就……"的句子。

**Pair work:** Match the sentences in Column A with those in Column B. Then complete the sentences using "一……就……".

A

他是个有名的网虫，
Tā shì ge yǒumíng de wǎngchóng,

她是个"宅女"，
Tā shì ge "zháinǚ",

她特别想家，
Tā tèbié xiǎng jiā,

他酷爱旅行，
Tā kù'ài lǚxíng,

B

恨不得现在就坐飞机回国。
hèn bu de xiànzài jiù zuò fēijī huí guó.

恨不得天天在网上聊天儿、
hèn bu de tiāntiān zài wǎngshang liáo tiānr、
玩儿游戏。
wánr yóuxì.

恨不得玩儿遍中国。
hèn bu de wánr biàn Zhōngguó.

恨不得整天都宅在家里。
hèn bu de zhěngtiān dōu zhái zài jiāli.

# New Target Chinese Spoken Language (3)

① 他是个 有名 的 网虫，一＿＿＿＿＿＿ 就 ＿＿＿＿＿＿。
　Tā shì ge yǒumíng de wǎngchóng, yī ＿＿＿＿＿＿ jiù ＿＿＿＿＿＿.

② 她是个"宅女"，一＿＿＿＿＿＿ 就 ＿＿＿＿＿＿。
　Tā shì ge "zháinǚ", yī ＿＿＿＿＿＿ jiù ＿＿＿＿＿＿.

③ 她特别 想 家，一＿＿＿＿＿＿ 就 ＿＿＿＿＿＿。
　Tā tèbié xiǎng jiā, yī ＿＿＿＿＿＿ jiù ＿＿＿＿＿＿.

④ 他酷爱旅行，一＿＿＿＿＿＿ 就 ＿＿＿＿＿＿。
　Tā kù'ài lǚxíng, yī ＿＿＿＿＿＿ jiù ＿＿＿＿＿＿.

## 2　谁的朋友最牛　Whose friend is the most fantastic

**小组活动**　说说你有没有这样的朋友，他/她喜欢这个爱好到什么程度。比一比，同样的爱好，谁的朋友最厉害。

**Group work:** Tell if you have any friends who are crazy about something and how crazy he/she is about it. Make a comparison to see whose friend is the most fantastic in one hobby.

① 你有 没有 特别喜欢 健身 的 朋友？
　Nǐ yǒu méiyǒu tèbié xǐhuan jiànshēn de péngyou?

② 你有 没有 特别喜欢 唱 歌的 朋友？
　Nǐ yǒu méiyǒu tèbié xǐhuan chàng gē de péngyou?

③ 你有 没有 特别喜欢 户外 运动 的 朋友？
　Nǐ yǒu méiyǒu tèbié xǐhuan hùwài yùndòng de péngyou?

④ 你有 没有 特别喜欢 吃的 朋友？
　Nǐ yǒu méiyǒu tèbié xǐhuan chī de péngyou?

⑤ 你有 没有 特别喜欢 旅行 的 朋友？
　Nǐ yǒu méiyǒu tèbié xǐhuan lǚxíng de péngyou?

## 3　这是为什么　Why is it

**两人活动**　根据"任务示范"内容和现实情况说说各个称号产生的原因。

**Pair work:** Talk about the reasons why the following people have got their nicknames according to the information provided in the "Task Demonstration" and the actual situations.

**例**　艾娜被 朋友们 称为"麦霸"，是因为她一有 空儿就喜欢
　Àinà bèi péngyoumen chēngwéi "màibà", shì yīnwèi tā yì yǒu kòngr jiù xǐhuan
去卡拉OK 唱 歌，经常 一个人一 唱 就是 两 三个小时。
qù kǎlā OK chàng gē, jīngcháng yí ge rén yì chàng jiù shì liǎng sān ge xiǎoshí.

# Unit 8  Talking about Hobbies

麦克——"宅男"  　　　　　　李伟——健身 达人
Màikè　　"zháinán"　　　　　Lǐ Wěi　　jiànshēn dárén

飞人——乔丹　　　　飞鱼——菲尔普斯　　　球王——贝利　　　巴西——足球 王国
Fēirén　Qiáodān　　Fēiyú　Fēi'ěrpǔsī　　Qiúwáng　Bèilì　　Bāxī　zúqiú wángguó

**小组活动**　讨论班里一些同学的称号，并向全班同学汇报。

**Group work:** Discuss about nicknames of some classmates and report to the class.

|   | 姓名 Name | 称号 Nickname | 原因 Reason |
|---|---|---|---|
| 1 |   |   |   |
| 2 |   |   |   |
| 3 |   |   |   |

**两人活动**　看图，用被动句说说发生了什么，为什么会这样。

**Pair work:** Look at the pictures and then talk about what happened and why it happened using sentences in passive voice.

淋(drench) 湿(wet)　　　撞(to hit) 坏　　　刮倒(to turn over)
línshī　　　　　　　　　zhuànghuài　　　　guādǎo

**例**　他被(雨)淋湿了，因为他没带伞。
　　　Tā bèi (yǔ) lín shī le,  yīnwèi tā méi dài sǎn.

第八单元　各有所爱

## 4  我会用俗语    I know how to use common sayings

**两人活动**  分别举例说明下面俗语的意思。

**Pair work:** Tell the meaning of the following saying using examples.

中国　有句俗话叫"萝卜青菜，各有 所爱"，意思是……。
Zhōngguó yǒu jù súhuà jiào "luóbo qīngcài, gè yǒu suǒ ài",　yìsi shì…….

拿……来说吧，……
Ná…… lái shuō ba,……

## （三）综合任务活动    Comprehensive Tasks

### 1  我们班同学的爱好    Hobbies of my classmates

**两人活动**  说说班上同学的不同爱好。

**Pair work:** Talk about the different hobbies of your classmates.

俗话说："……"，我们班的同学来自……的国家，……不同，……也不同。……酷爱户外运动，一到周末，他就……。而……却恰恰相反，他/她是个典型的"宅男/女"，整天就喜欢……在家里……、……，就连……也……。……是个"麦霸"，一有空儿就和朋友去……，她/他经常一个人一唱就是……。还有个同学叫……，他/她可是个……达人，什么……、……样样拿手，对……也都了如指掌。

Súhuà shuō:"……", wǒmen bān de tóngxué láizì……de guójiā,……bù tóng,……yě bù tóng.……kù'ài hùwài yùndòng, yí dào zhōumò, tā jiù……. Ér……què qiàqià xiāngfǎn, tā shì ge diǎnxíng de "zháinán/nǚ", zhěng tiān jiù xǐhuan……zài jiāli……、……, jiù lián……yě……. ……shì ge "màibà", yì yǒu kòngr jiù hé péngyou qù……, tā jīngcháng yí ge rén yí chàng jiù shì……. Hái yǒu ge tóngxué jiào……, tā kě shì ge …… dárén, shénme……、……yàngyàng náshǒu, duì……yě dōu liǎorúzhǐzhǎng.

## 2 周末你有空儿吗　Will you be free this weekend

**表演活动**　A特别喜欢健身，她的男朋友却是个宅男。A跟好朋友B聊天儿……

**Role-Play:** A likes taking physical exercises. Her boy friend, however, likes being indoors. A is chatting with one of her good friends B…

A：这个 周末 你 有 空儿 吗？跟 我一起去 健身 吧。
　　Zhège zhōumò nǐ yǒu kòngr ma? Gēn wǒ yìqǐ qù jiànshēn ba.

B：你 真 是个 健身……，一到 周末 就……。
　　Nǐ zhēn shì ge jiànshēn……, yí dào zhōumò jiù…….

A：经常 去……练练……，打打……，做做……对身体 好。
　　Jīngcháng qù …… liànlian……, dǎda……, zuòzuo……duì shēntǐ hǎo.

B：你 男朋友 怎么 不陪你去呀？
　　Nǐ nánpéngyou zěnme bù péi nǐ qù ya?

A：他呀，是个 典型 的"……"，整天 就喜欢……在家里……、……。
　　Tā ya, shì ge diǎnxíng de "……", zhěngtiān jiù xǐhuan……zài jiāli……、…….

B：是 吗？男 的 不都 喜欢……、……等 户外 运动 吗？
　　Shì ma? Nán de bù dōu xǐhuan……、……děng hùwài yùndòng ma?

A：他可不是，他特别……，……吃饭 都 不 想 出去 吃，……顿顿 饭 都……呢。
　　Tā kě bú shì, tā tèbié……, …… chīfàn dōu bù xiǎng chūqu chī, …… dùndùn fàn dōu…… ne.

B：哎，"……"这句俗话 说 的 不……你们 嘛。
　　Āi, "……" zhè jù súhuà shuō de bú…… nǐmen ma.

## 3 调查　Survey

**小组活动**　四人一组，调查同学们的爱好及爱好的程度。

**Group work:** Work in groups of four to investigate your classmates' hobbies and how much they like doing them.

| | 最大的爱好<br>zuì dà de àihào | 比如<br>bǐrú | 喜欢的程度<br>xǐhuan de chéngdù |
|---|---|---|---|
| 查理<br>Chálǐ | 户外运动<br>hùwài yùndòng | 登山、攀岩<br>dēng shān、pānyán | 一到周末，就叫上几个朋友去郊外登山、攀岩。北京附近的山他几乎都走遍了。<br>Yí dào zhōumò, jiù jiàoshang jǐ ge péngyou qù jiāowài dēng shān、pānyán. Běijīng fùjìn de shān tā jīhū dōu zǒubiàn le. |

# New Target Chinese Spoken Language (3)

| 我<br>wǒ | | | |
|---|---|---|---|
| 1 | | | |
| 2 | | | |
| 3 | | | |

**班级活动** 各组选一个同学汇报调查结果。

**Class activity:** Choose a student from each group to report the result of your group's survey.

**例**

俗话说:"……",我们组的同学来自……国家,……不同,……也不同。我最大的爱好是……,比如:……。而……则恰恰相反,……

Súhuà shuō: "……", wǒmen zǔ de tóngxué láizì……guójiā, ……bù tóng, ……yě bù tóng. Wǒ zuì dà de àihào shì……, bǐrú: ……. Ér……zé qiàqià xiāngfǎn, ……

**班级活动** 听完各组同学的介绍后,爱好相同的同学们组成课后爱好小组,看看我们班有几个这样的小组,给你们的小组起一个名字,选一个组长,并商量一下你们以后课后活动的具体安排。其他爱好的同学如果想参加也可以加入。最后,请各小组组长给大家介绍你们的爱好小组。

**Class activity:** After listening to the presentations of all the groups, students with the same hobbies work together in an interest group after class. Find out how many interest groups there are in your class and choose a name and a group leader for each group. Then, discuss the after-class activities. Students with different hobbies can also join them if they like. Finally, each group leader will make a presentation to talk about his/her interest group.

| 我们的爱好<br>wǒmen de àihào | |
|---|---|
| 小组的名字<br>xiǎozǔ de míngzi | |
| 哪些同学<br>nǎxiē tóngxué | |
| 一共几个人<br>yígòng jǐ ge rén | |

# Unit 8　Talking about Hobbies

| 我们的组长 (leader)<br>wǒmen de zǔzhǎng | |
| --- | --- |
| 课后活动具体安排<br>kèhòu huódòng jùtǐ ānpái<br>(Specific arrangements of after-class activities) | |

## 四　语法点注释　GRAMMAR NOTES

### 1  一……就……　The structure 一……就……

"一……就……"可以表示两件事情紧接着发生。例如：
"一……就……" indicates two events occur one immediately after the other, e.g.,

① 他们一下课就去商店了。
　　Tāmen yí xià kè jiù qù shāngdiàn le.

② 他打算一考完试就回国。
　　Tā dǎsuan yì kǎowán shì jiù huí guó.

有时，"一……就……"的前一个分句可以表示条件，后一分句表示结果。例如：
Sometimes, the first clause may denotes the condition, while the second clause denotes the result, e.g.,

③ 一到周末，他就叫上几个朋友一起去郊外登山、攀岩。
　　Yí dào zhōumò, tā jiù jiàoshang jǐ ge péngyou yìqǐ qù jiāowài dēng shān、pānyán.

④ 一到寒假、暑假，他就出去旅行。
　　Yí dào hánjià、shǔjià, tā jiù chūqu lǚxíng.

"就"是副词，一般用在动词的前边。
"就" is an adverb usually used in front of a verb.

### 2  恨不得　The use of 恨不得

"恨不得"表示非常急切地希望（实现某事）。例如：
"恨不得" means to earnestly wish (to do something), e.g.,

① 他整天就喜欢宅在家里玩儿游戏、写博客，恨不得顿顿饭
　　Tā zhěngtiān jiù xǐhuan zhái zài jiāli wánr yóuxì, xiě bókè, hèn bu de dùndùn fàn
　　都叫外卖。
　　dōu jiào wàimài.

② 最近他忙极了，他恨不得每天不睡觉，能早点儿把工作
　　Zuìjìn tā máng jíle, tā hèn bu de měitiān bú shuì jiào, néng zǎo diǎnr bǎ gōngzuò
做完。
zuòwán.

### 3 被动句　Passive sentence

被动句是指主语与谓语之间是被动关系的句子，即主语是谓语动词所表示的行为的受动者。被动句有遭受、不情愿的意义。由表示被动的介词"被"及其宾语做状语，"被"的作用是引出动作的发出者（施事者），如果不清楚或者不需要强调动作的发出者，"被"后边的宾语可以省略。例如：

A sentence in passive voice refers to a sentence with the subject and object being in a passive relationship, i.e., the subject is the receiver of the action indicated by the predicate verb. It often means to be suffered from or to be unwilling to do something. The preposition "被" together with its object serves as an adverbial. "被" is used to introduce the doer (agent) of the action. If the doer of the action is unclear or unnecessary to be emphasized, the object after "被" can be omitted, e.g.,

① 那双鞋被（他）穿坏了。
　　Nà shuāng xié bèi (tā) chuān huài le.

② 我的自行车被（朋友）骑走了。
　　Wǒ de zìxíngchē bèi (péngyou) qí zǒu le.

③ 这不是我们的意见，我们"被"代表了。
　　Zhè bú shì wǒmen de yìjian, wǒmen "bèi" dàibiǎo le.

口语中常用"让"或"叫"代替"被"，但"让"和"叫"后边的宾语不能省略。例如：

"被" is often replaced by "让" or "叫" in spoken Chinese, but the object after "让" or "叫" is not omitted, e.g.,

④ 那双鞋让他穿坏了。
　　Nà shuāng xié ràng tā chuān huài le.

⑤ 我的自行车叫朋友骑走了。
　　Wǒ de zìxíngchē jiào péngyou qí zǒu le.

"……被（……）称作……"有时也可以说"……被（……）叫作……"，前者语气更正式。例如：

"……被（……）称作……" is sometimes equivalent to "……被（……）叫作……", However, the former one is more formal, e.g.,

⑥ 艾娜被朋友们称作"麦霸"。
　　Ainà bèi péngyoumen chēngzuò "màibà".

Unit 8　Talking about Hobbies

否定时，否定词在介词"被"前。
A negative word is used before the preposition "被" to indicate negation.

⑦　我　没　被　雨　淋　湿。
　　Wǒ méi bèi yǔ lín shī.

## 五 学习后任务　REVIEW TASK

### 1 采访　Interview

采访几位不同年龄的人，他们有什么爱好。
Ask people of different ages about their hobbies.

|  | 年龄　niánlíng | 爱好　àihào |
|---|---|---|
| e.g. | 60岁左右<br>liùshí suì zuǒyòu | 下棋、聊天儿<br>xià qí、liáo tiānr |
| 1 |  |  |
| 2 |  |  |
| 3 |  |  |
| 4 |  |  |

### 2 调查　Survey

你身边有"宅男""宅女"吗？他们为什么喜欢"宅"在家里？
Are there any indoor men or indoor women around you? Why do they like being indoors?

## 六 自我评估　SELF-EVALUATION

### 1 你认识这些生词吗　Do you know these new words

请在你认识的生词前打√，然后数一下你认识的生词数。
Please tick √ before the words you know, and then count them.

☐ 酷爱　☐ 户外　☐ 附近　☐ 郊外　☐ 宅　☐ 几乎　☐ 遍
☐ 不同　☐ 了如指掌　☐ 整天　☐ 交　☐ 刚　☐ 顿　☐ 被
☐ 却　☐ 恰恰相反　☐ 博客　☐ 外卖　☐ 恨不得　☐ 样　☐ 拿手

# New Target Chinese Spoken Language (3)

认识18~21个：太棒了！
Knowing 18-21 words: Wonderful!

认识14~17个：不错，要更加努力。
Knowing 14-17 words: Good. Please make more efforts.

认识14个以下：得复习复习。加油啊！
Knowing fewer than 14 words: Please review the lesson.

**2** 选一选，测一测  Choose and test

在正确的句子前打 ✓，看看你语法学得怎么样。

Tick ✓ before the right sentences to check how well you have learned the grammar.

① A. 他一喝酒，就头疼。　[→②]
　　　Tā yì hē jiǔ, jiù tóuténg.

　 B. 一他喝酒，就他头疼。　[→③]
　　　Yì tā hē jiǔ, jiù tā tóuténg.

② A. 艾娜很想家，她恨不得明天就回国。[→⑤]
　　　Àinà hěn xiǎng jiā, tā hèn bu de míngtiān jiù huí guó.

　 B. 艾娜很想家，恨不得她明天就回国。[→④]
　　　Àinà hěn xiǎng jiā, hèn bu de tā míngtiān jiù huí guó.

③ A. 他一到冬天就感冒。[→②]
　　　Tā yí dào dōngtiān jiù gǎnmào.

　 B. 一到冬天，就他感冒。[→C]
　　　Yí dào dōngtiān, jiù tā gǎnmào.

④ A. 我恨不得现在就去吃法国菜。[→⑤]
　　　Wǒ hèn bu de xiànzài jiù qù chī Fǎguó cài.

　 B. 你想吃法国菜吗？我恨不得。[→D]
　　　Nǐ xiǎng chī Fǎguó cài ma? Wǒ hèn bu de.

⑤ A. 自行车被大龙没骑走。[→B]
　　　Zìxíngchē bèi Dàlóng méi qí zǒu.

　 B. 自行车没被大龙骑走。[→A]
　　　Zìxíngchē méi bèi Dàlóng qí zǒu.

A. 太棒了，你的语法学得非常好！
   Wonderful, you have learned the grammar very well!

B. 你的语法学得不错。不过要注意"被"字句的否定形式是否定词在介词"被"的前边。
   You have learned the grammar well. However, please note in the negative form of a "被" sentence, a negative word is used before the preposition "被".

C. 注意"一……就……"的用法，请认真看一下语法点注释1。
   Pay attention to the usage of "一……就". Refer to Grammar Note 1 for more details.

D. 注意"恨不得"的意思和用法，请认真看一下语法点注释2。
   Pay attention to the meaning and usage of "恨不得". Refer to Grammar Note 2 for more details.

# 文化小贴士　CULTURAL NOTES

## （一）你知道吗　Do You Know

### 琴棋书画 Qin, Qi, Calligraphy and Painting

"琴棋书画"中，"琴"指弹琴（多指古琴），"棋"指下棋（多指围棋），"书"指书法，"画"指绘画。在中国古代，琴棋书画是文人（包括一些名门闺秀）必须掌握的技能。现在人们还常以此表示个人的文化素养，比如说一个人"琴棋书画样样精通"，意思是夸赞他/她的文化素养高。

*Qin* (mostly referring to *guqin*), *qi* (mostly referring to Chinese chess), calligraphy and painting are the must-have skills for ancient Chinese literati (also for some girls from eminent families). People now still use this phrase to indicate a person's cultivation. For example, if a person is said to be proficient in *qin*, *qi*, calligraphy and painting, he/she is being complimented to be highly cultured.

# New Target Chinese Spoken Language (3)

## (二) 图片看中国  China in Pictures

广场舞
guǎngchǎngwǔ
Square dance

刺绣
cìxiù
Embroidery

# 第九单元
# Unit 9

# 谈职业
## Talking about Occupations

| 话题<br>Topic | 谈论职业和理想<br>Talking about occupations and career aspirations |
|---|---|
| 任务目标<br>Instructional Objectives | 能问答与职业相关的问题，谈论职业名称、职业特点和职业理想的相关话题<br>Students can ask questions about occupations and answer them. They can also talk about the titles and characteristics of jobs, career aspirations and other pertinent topics. |
| 重点词语<br>Key Words | 职业 zhíyè、打工 dǎ gōng、赚钱 zhuàn qián、理想 lǐxiǎng、业余时间 yèyú shíjiān、听起来 tīng qilai、看起来 kàn qilai、一来……二来…… yī lái……èr lái……、希望 xīwàng |
| 重点语句<br>Key Sentences | 1. 听起来真有意思。Tīng qilai zhēn yǒu yìsi.<br>2. 毕业以后你打算做什么？Bì yè yǐhòu nǐ dǎsuan zuò shénme?<br>3. 我想当一名外交官。Wǒ xiǎng dāng yì míng wàijiāoguān.<br>4. 一来我学的专业就是国际关系，二来我太喜欢中国了，所以我希望有机会留在中国。Yī lái wǒ xué de zhuānyè jiù shì guójì guānxi, èr lái wǒ tài xǐhuan Zhōngguó le, suǒyǐ wǒ xīwàng yǒu jīhuì liú zài Zhōngguó. |
| 语法点<br>Grammar Points | 1. 看起来、听起来　The structure 看起来、听起来<br>2. 一来……，二来……　The structure 一来……，二来…… |

# New Target Chinese Spoken Language (3)

## 导入 WARM-UP

你们国家最受欢迎的工作跟中国的一样吗？你觉得什么工作最好？为什么？

Nǐmen guójiā zuì shòu huānyíng de gōngzuò gēn Zhōngguó yíyàng ma? Nǐ juéde shéme gōngzuò zuì hǎo? Wèi shénme?

What are the most popular jobs in your country? Are they the same as those in China? Which jobs do you consider the best? Talk aout you reason.

医生
yīshēng

律师
lǜshī

教师
jiàoshī

演员
yǎnyuán

公务员
gōngwùyuán

##  头脑风暴 BRAINSTORM

职业 zhíyè occupation

- 工作名称 gōngzuò míngchēng job titles
  - 收银员 shōuyínyuán cashier
  - 厨师 chúshī cook, chef
  - 秘书 mìshū secretary
  - 文员 wényuán clerk
  - 空乘 kōngchéng stewardess
  - 护士 hùshi nurse
  - 快递员 kuàidìyuán courier
  - 导购 dǎogòu shop assistant
  - 导游 dǎoyóu tour guide
  - 教练 jiàoliàn coach
  - 外交官 wàijiāoguān diplomat

- 工作内容 gōngzuò nèiróng work content
  - 服务 fúwù service
  - 娱乐 yúlè entertainment
  - 公共服务 gōnggòng fúwù public service
  - 义务服务 yìwù fúwù volunteer service
  - 咨询 zīxún to consult
  - 治疗 zhìliáo to cure

# Unit 9　Talking about Occupations

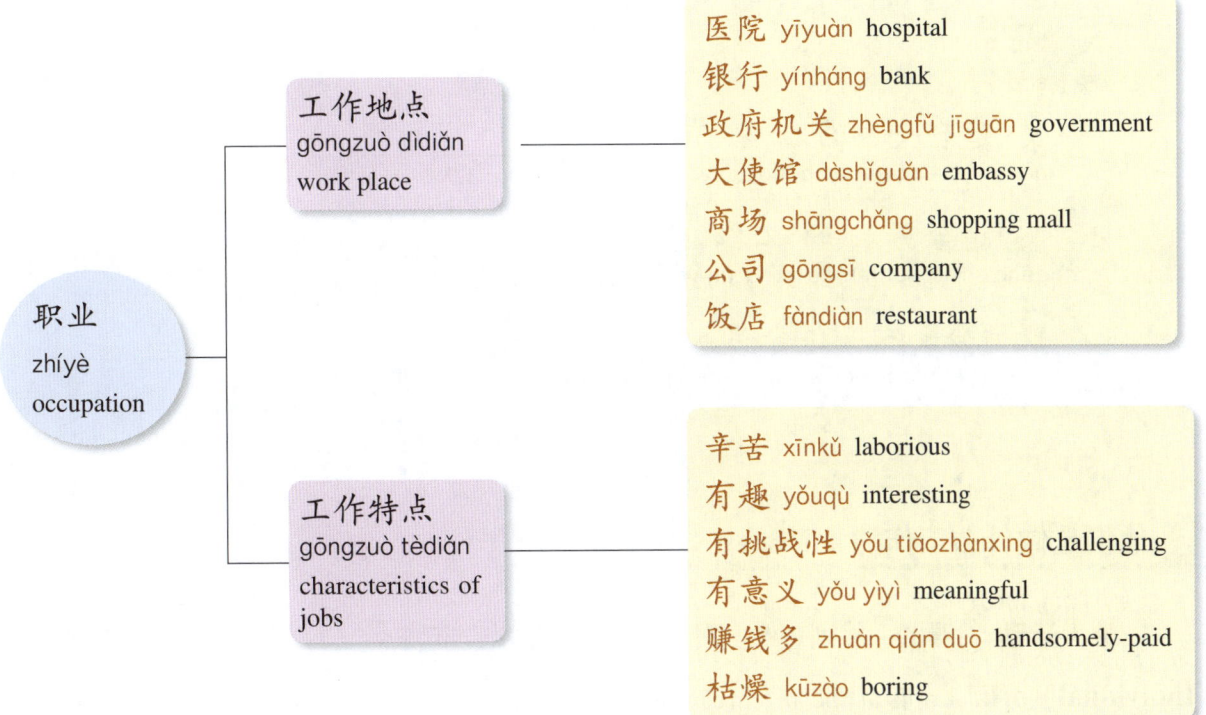

## 一　生词总动员　WORD POWER

### 1　男女有别　Differences between men and women

单人活动　你认为以下工作更适合男人还是女人？请将以下职业归类。

Individual work: Please classify the following jobs based on gender.

职业列表　List of jobs

厨师、　空乘、　饭馆服务员、　导游、　司机、　健身教练、
chúshī、　kōngchéng、　fànguǎn fúwùyuán、　dǎoyóu、　sījī、　jiànshēn jiàoliàn、

护士、　外交官、　幼儿园教师、　医生、　公司经理、　保姆
hùshi、　wàijiāoguān、　yòu'éryuán jiàoshī、　yīshēng、　gōngsī jīnglǐ、　bǎomǔ

我觉得：
Wǒ juéde：

更 适合女人的 工作 有：_____
gèng shìhé nǔrén de gōngzuò yǒu：

更 适合男人的 工作 有：_____
gèng shìhé nánrén de gōngzuò yǒu：

既适合女人又适合男人的 工作 有：_____
jì shìhé nǔrén yòu shìhé nánrén de gōngzuò yǒu：

## 2 他们是做什么工作的　What do they do

**单人活动**：看图，将列表A、B、C中的相关信息连起来。

**Individual work:** Look at the pictures and match the information in Column A with that in Columns B and C.

   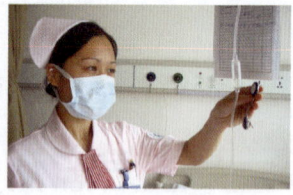

A. 厨师　　　　　　B. 为乘客服务　　　　C. 在飞机上
　 chúshī　　　　　　 wèi chéngkè fúwù　　　　zài fēijīshang

　 空乘　　　　　　　照顾病人　　　　　　　在餐厅
　 kōngchéng　　　　　zhàogù bìngrén　　　　　zài cāntīng

　 教师　　　　　　　给学生上课　　　　　　在教室
　 jiàoshī　　　　　　 gěi xuésheng shàng kè　　zài jiàoshì

　 护士　　　　　　　在餐厅做菜　　　　　　在医院
　 hùshi　　　　　　　zài cāntīng zuò cài　　　　zài yīyuàn

**两人活动**：轮流描述上述人物的工作。

**Pair work:** Take turns to describe the jobs of the people in the above pictures.

他是 厨师，在 餐厅 做菜。他做菜做得 非常 好。
Tā shì chúshī, zài cāntīng zuò cài. Tā zuò cài zuò de fēicháng hǎo.

# Unit 9  Talking about Occupations

## 生词大盘点  VOCABULARY LIST

| | | | | |
|---|---|---|---|---|
| 1 | 职业 | zhíyè | 名 | job, occupation |
| 2 | 理想 | lǐxiǎng | 名 | ideal |
| 3 | 空乘 | kōngchéng | 名 | stewardess |
| 4 | 厨师 | chúshī | 名 | cook, chef |
| 5 | 司机 | sījī | 名 | driver |
| 6 | 护士 | hùshi | 名 | nurse |
| 7 | 外交官 | wàijiāoguān | 名 | diplomat |
| 8 | 教师 | jiàoshī | 名 | teacher |
| 9 | 保姆 | bǎomǔ | 名 | baby-sitter, nanny |
| 10 | 乘客 | chéngkè | 名 | passenger |
| 11 | 餐厅 | cāntīng | 名 | restaurant |
| 12 | 游客 | yóukè | 名 | tourist |
| 13 | 关系 | guānxi | 名 | relation |
| 14 | 工资 | gōngzī | 名 | salary |
| 15 | 经验 | jīngyàn | 名 | experience |
| 16 | 名 | míng | 量 | *a measure word for persons with some kind of identity* |
| 17 | 适合 | shìhé | 动 | to fit, to suit |
| 18 | 服务 | fúwù | 动 | to serve |
| 19 | 照顾 | zhàogù | 动 | to take care of |
| 20 | 游览 | yóulǎn | 动 | to visit (a place) |
| 21 | 了解 | liǎojiě | 动 | to understand |
| 22 | 打工 | dǎ gōng | | to take a part-time job |
| 23 | 制作 | zhìzuò | 动 | to make |
| 24 | 希望 | xīwàng | 动/名 | to hope; hope |
| 25 | 留 | liú | 动 | to stay |
| 26 | 赚 | zhuàn | 动 | to earn |
| 27 | 攒 | zǎn | 动 | to save (money) |
| 28 | 地道 | dìdao | 形 | authentic, real |

| 29 | 兼职 | jiānzhí | 动/名 | to hold a concurrent post; part-time job |
| 30 | 各 | gè | 代 | each |
| 31 | 为 | wèi | 介 | for |
| 32 | 跟 | gēn | 介 | with |

## 二 任务及活动　TASKS AND ACTIVITIES

### （一）任务示范　Task Demonstration

 在咖啡馆里，艾娜遇到了老同学玛丽，她们坐在一起，边喝咖啡边聊天儿。

**The scene of the story:** Mary met her old classmates Anna in a café. Now they are sitting together, drinking coffee and talking.

玛丽： 艾娜，现在你在哪儿工作？
Mǎlì： Àinà, xiànzài nǐ zài nǎr gōngzuò?

艾娜： 我在一家中国旅行社工作。
Àinà： Wǒ zài yì jiā Zhōngguó lǚxíngshè gōngzuò.

玛丽： 你在那儿做什么？
Mǎlì： Nǐ zài nàr zuò shénme?

艾娜： 我是一名国际导游，我的工作
Àinà： Wǒ shì yì míng guójì dǎoyóu, wǒ de gōngzuò
是带着外国游客游览北京。
shì dàizhe wàiguó yóukè yóulǎn Běijīng.

玛丽： 那真是太有意思了。
Mǎlì： Nà zhēn shì tài yǒu yìsi le.

艾娜： 是啊，我既可以多了解北京，又可以认识来自世界各地的人。
Àinà： Shì a, wǒ jì kěyǐ duō liǎojiě Běijīng, yòu kěyǐ rènshi láizì shìjiè gè dì de rén.
你呢，你做什么工作呢？
Nǐ ne, nǐ zuò shénme gōngzuò ne?

# Unit 9  Talking about Occupations

玛丽： 我 现在 还是 学生， 周末 我 在一家餐厅 打 工。
Mǎlì: Wǒ xiànzài hái shì xuésheng, zhōumò wǒ zài yì jiā cāntīng dǎ gōng.

艾娜： 你是 服务员 吗?
Àinà: Nǐ shì fúwùyuán ma?

玛丽： 不是，我 是 兼职 汉堡包 厨师。
Mǎlì: Bú shì, wǒ shì jiānzhí hànbǎobāo chúshī.

艾娜： 汉堡包 厨师? 我 还是 第一次 听说 这个 工作。
Àinà: Hànbǎobāo chúshī? Wǒ hái shì dì yī cì tīngshuō zhège gōngzuò.

玛丽： 就 是 制作 地道的 美国 汉堡。
Mǎlì: Jiù shì zhìzuò dìdao de Měiguó hànbǎo.

艾娜： 听起来 真 有意思。毕业以后你打算 做 什么?
Àinà: Tīng qilai zhēn yǒu yìsi. Bì yè yǐhòu nǐ dǎsuan zuò shénme?

玛丽： 我 想 当 外交官。一来我 学的 专业 就是国际关系，二来我
Mǎlì: Wǒ xiǎng dāng wàijiāoguān. Yī lái wǒ xué de zhuānyè jiù shì guójì guānxi, èr lái wǒ
太喜欢 中国 了，我 希望 有机会留在 中国。
tài xǐhuan Zhōngguó le, wǒ xīwàng yǒu jīhuì liú zài Zhōngguó.

艾娜： 我 也 想 留在 中国。
Àinà: Wǒ yě xiǎng liú zài Zhōngguó.

## （二）分步任务活动  Perform the Tasks Step by Step

### 1 你做什么工作  What do you do

**两人活动**：根据抽到的信息卡和例子进行会话。

**Pair work:** Make dialogues according to the information card you've drawn following the example.

空乘　　医生　　教师　　外交官　　厨师　　导游
kōngchéng　yīshēng　jiàoshī　wàijiāoguān　chúshī　dǎoyóu

例
A：你做 什么 工作?
　　Nǐ zuò shénme gōngzuò?

B：我 是 一名国际导游，我的 工作 是 带着 外国 游客游览 北京。
　　Wǒ shì yì míng guójì dǎoyóu, wǒ de gōngzuò shì dàizhe wàiguó yóukè yóulǎn Běijīng.

## 2 你为什么要找工作  Why are you looking for a job

**两人活动** 下面的三个人想找工作，朗读她们的信息，完成后面的活动。

**Pair work:** The following three people are looking for jobs. Read the information about them and do the following activities.

我是大一学生，我没有很多时间工作。但是大学的花费 (expense) 很贵。我周一、周三、周五全天都有课，周二、周四下午有空儿。我没有什么工作经验，但是我会学得很快。

Wǒ shì dà yī xuésheng, wǒ méi yǒu hěn duō shíjiān gōngzuò. Dànshì dàxué de huāfèi hěn guì. Wǒ zhōu yī、zhōu sān、zhōu wǔ quán tiān dōu yǒu kè, zhōu èr、zhōu sì xiàwǔ yǒu kòngr. Wǒ méi yǒu shénme gōngzuò jīngyàn, dànshì wǒ huì xué de hěn kuài.

我们刚有孩子，虽然我爱人的工资不少，但是我们攒的钱不多。所以我想一边在家照顾孩子，一边工作。我要找一个在家可以做的工作，比如打字 (to type) 什么的。

Wǒmen gāng yǒu háizi, suīrán wǒ àiren de gōngzī bù shǎo, dànshì wǒmen zǎn de qián bù duō. Suǒyǐ wǒ xiǎng yìbiān zài jiā zhàogù háizi, yìbiān gōngzuò. Wǒ yào zhǎo yí ge zài jiā kěyǐ zuò de gōngzuò, bǐrú dǎzì shénmede.

我今年17岁，父母给我的零花钱 (pin money) 不多。我想打工赚钱，这样周末可以跟朋友们出去玩儿。每天我早上8点到下午5点上课。我家有一个小饭馆儿，所以我有一些饭馆儿工作经验。

Wǒ jīnnián shíqī suì, fùmǔ gěi wǒ de línghuāqián bù duō. Wǒ xiǎng dǎ gōng zhuàn qián, zhèyàng zhōumò kěyǐ gēn péngyoumen chūqu wánr. Měi tiān wǒ zǎoshang bā diǎn dào xiàwǔ wǔ diǎn shàng kè. Wǒ jiā yǒu yí ge xiǎo fànguǎnr, suǒyǐ wǒ yǒu yìxiē fànguǎnr gōngzuò jīngyàn.

# Unit 9　Talking about Occupations

(1) 说说这三个人找工作的原因和要求分别是什么。

Discuss the reasons for the three people to look for jobs and their respective job requirements.

| 原因<br>yuányīn | 要求　yāoqiú | | |
| --- | --- | --- | --- |
| | 时间　shíjiān | 经验　jīngyàn | 工资　gōngzī |
| 攒钱<br>zǎn qián | | | |
| 赚学费<br>zhuàn xuéfèi | | | |
| 周末出去玩儿<br>zhōumò chūqu wánr | | | |

**例**

她打工的原因是想买漂亮的衣服。
Tā dǎ gōng de yuányīn shì xiǎng mǎi piàoliang de yīfu.

她只有周末有时间，也没有什么工作经验，所以她
Tā zhǐyǒu zhōumò yǒu shíjiān, yě méi yǒu shénme gōngzuò jīngyàn, suǒyǐ tā

要求这份工作既要在周末，又不需要工作经验。
yāoqiú zhè fèn gōngzuò jì yào zài zhōumò, yòu bù xūyào gōngzuò jīngyàn.

(2) 根据下面的招聘广告，为上面的三个人选择合适的工作，并说明原因。

According to the following job advertisements, find the right jobs for the three people above and explain the reasons.

| 1. 健身教练<br>jiànshēn jiàoliàn | 2. 饭店经理<br>fàndiàn jīnglǐ | 3. 保姆<br>bǎomǔ |
| --- | --- | --- |
| 晚上工作<br>wǎnshang gōngzuò | 早9:00—晚22:00<br>zǎo jiǔ diǎn– wǎn èrshí'èr diǎn | 照顾孩子<br>zhàogù háizi |
| 有经验者优先<br>yǒu jīngyàn zhě yōuxiān | 有经验者优先<br>yǒu jīngyàn zhě yōuxiān | 年龄不限<br>niánlíng bú xiàn |
| 工资面议<br>gōngzī miànyì | 20000元/月<br>20000 yuán/yuè | 工资面议<br>gōngzī miànyì |

| 4. 咖啡馆服务员 | 5. 英语教师 | 6. 文字录入员 |
|---|---|---|
| kāfēiguǎn fúwùyuán | Yīngyǔ jiàoshī | wénzì lùrùyuán |
| 兼职 | 周末工作 | 时间不限 |
| jiānzhí | zhōumò gōngzuò | shíjiān bú xiàn |
| 35岁以下 | 200元/小时 | 年龄不限 |
| sānshíwǔ suì yǐxià | 200 yuán/xiǎoshí | niánlíng bú xiàn |
| 工资面议 | | 100元/千字 |
| gōngzī miànyì | | 100 yuán/qiān zì |

**例** 我 觉得 她 可以 当 英语 教师，一来 她 周末 有 时间，二来……
Wǒ juéde tā kěyǐ dāng Yīngyǔ jiàoshī, yī lái tā zhōumò yǒu shíjiān, èr lái……

## 3 看起来很美　It looks so beautiful!

**表演活动**：选择合适的词语，表演下面的小对话。

**Role-play:** Choose the right words to act out the following dialogues.

A. 看起来 kàn qilai　　B. 听起来 tīng qilai

（1）孩子：告诉 您 一个 好 消息，我 找到了 一份 工作！
　　háizi: Gàosu nín yí ge hǎo xiāoxi, wǒ zhǎodàole yí fèn gōngzuò!

　　妈妈：太 好 了，_____ 以后 不 用 给 你 零花钱 了。
　　māma: Tài hǎo le, _____yǐhòu bú yòng gěi nǐ línghuāqián le.

（2）妻子：亲爱的，今天 下午 我 看到 的 那 件 衣服 别提 多 漂亮 了，朋友
　　qīzi: Qīn'ài de, jīntiān xiàwǔ wǒ kàndào de nà jiàn yīfu biétí duō piàoliang le, péngyou
　　说 我 穿起来 特别 好看。
　　shuō wǒ chuān qilai tèbié hǎokàn.

　　丈夫：_____ 我 又 要 大 出血（花很多钱）了。
　　zhàngfu: _____wǒ yòu yào dà chū xiě　　　　　le.

# Unit 9　Talking about Occupations

（3）老师：告诉 大家一个好 消息，下个星期二 上午　我们 开 运动会(to hold a sports meeting)。
　　　lǎoshī:　Gàosu dàjiā yí ge hǎo xiāoxi,　xià ge xīngqī èr shàngwǔ wǒmen kāi yùndònghuì.

　　学生1：_____不错！
　　xuésheng 1:　_____búcuò!

　　学生2：_____下个星期二我们 没 有 作业。
　　xuésheng 2:　_____xià ge xīngqī èr wǒmen méi yǒu zuòyè.

（4）老板：最近 工作 比较 多，今天　晚上　加班。
　　　lǎobǎn:　Zuìjìn gōngzuò bǐjiào duō,　jīntiān wǎnshang jiā bān.

　　员工：_____我 跟 女朋友 的 约会 又要　泡汤 (spoiled, hope dashed to pieces) 了。
　　yuángōng:　_____wǒ gēn nǚpéngyou de yuēhuì yòu yào pàotāng　le.

## （三）综合任务活动　Comprehensive Tasks

### 1　我的职业理想　My ideal job

**两人活动**　下面的职业理想，你认为什么是最重要的，然后请说说你的理想职业是什么，并说明原因。

**Pair work:** Which is the most important aspect when you choose a job? Talk about your ideal job and explain why.

| 兴趣 xìngqù |
| 赚钱 zhuàn qián |
| 理想 lǐxiǎng |
| 交朋友 jiāo péngyou |

我觉得……最重要，所以以后我想当一名……。因为这份工作既可以……，又可以……，还可以……。我也想当一名……，因为……。

Wǒ juéde……zuì zhòngyào, suǒyǐ yǐhòu wǒ xiǎng dāng yì míng……. Yīnwèi zhè fèn gōngzuò jì kěyǐ……, yòu kěyǐ……, hái kěyǐ……. Wǒ yě xiǎng dāng yì míng……, yīnwèi…….

# New Target Chinese Spoken Language (3)

## 2  我的理想  My ideal

**小组活动**  阅读下面这段话,然后回答问题。

**Group work:** Read the following passage, and then answer the questions.

小时候,我想当一名科学家(scientist),因为我觉得科学家都是聪明人。

长大以后,我想当一名外交官,因为我觉得外交官既可以到很多地方,又可以认识很多人,这是一份很有意思的工作。

大学毕业后,我当了一名大学老师。一来这份工作很稳定(stable),二来这是我的兴趣,而且工资也不少。

结婚以后,我想当一名好先生和好爸爸,因为我觉得家人永远(forever)都是最重要的。

再过几年我就要退休了,退休以后,我想当一个旅行家,带着我的爱人到世界各地去旅行。

Xiǎoshíhou, wǒ xiǎng dāng yì míng kēxuéjiā, yīnwèi wǒ juéde kēxuéjiā dōu shì cōngming rén.

Zhǎng dà yǐhòu, wǒ xiǎng dāng yì míng wàijiāoguān, yīnwèi wǒ juéde wàijiāoguān jì kěyǐ dào hěn duō dìfang, yòu kěyǐ rènshi hěn duō rén, zhè shì yí fèn hěn yǒu yìsi de gōngzuò.

Dàxué bì yè hòu, wǒ dāngle yì míng dàxué lǎoshī. Yī lái zhè fèn gōngzuò hěn wěndìng, èr lái zhè shì wǒ de xìngqù, érqiě gōngzī yě bù shǎo.

Jié hūn yǐhòu, wǒ xiǎng dāng yì míng hǎo xiānsheng hé hǎo bàba, yīnwèi wǒ juéde jiārén yǒngyuǎn dōu shì zuì zhòngyào de.

Zài guò jǐ nián wǒ jiù yào tuì xiū le, tuì xiū yǐhòu, wǒ xiǎng dāng yí ge lǚxíngjiā, dàizhe wǒ de àiren dào shìjiè gè dì qù lǚxíng.

# Unit 9  Talking about Occupations

（1）说说"我"的理想的变化及原因。
Talk about how "我" changed the ideals and why "我" changed.

| 阶段<br>jiēduàn | 理想<br>lǐxiǎng | 原因<br>yuányīn |
|---|---|---|
| 小时候<br>xiǎo shíhou | | |
| 长大以后<br>zhǎng dà yǐhòu | | |
| 大学毕业后<br>dàxué bì yè hòu | | |
| 结婚以后<br>jié hūn yǐhòu | | |
| 退休以后<br>tuì xiū yǐhòu | | |

（2）讨论一下你在不同时期，理想的变化，并说明原因。
Discuss how you changed your ideals in different periods of time and explain why.

例  _____，我想当_____，因为我觉得_____。
　　_____, wǒ xiǎng dāng _____, yīnwèi wǒ juéde _____.

## 四 语法点注释  GRAMMAR NOTES

### 1  看起来、听起来   The structure 看起来、听起来

"看起来"用作插入语，表示揣摩、估计。例如：
"看起来" is used as a parenthesis to indicate an estimation, e.g.,

① 天 阴了，看起来要 下雨了。
　 Tiān yīn le, kàn qilai yào xià yǔ le.

"听起来"表示通过听，得到某种印象。例如：
"听起来" indicates getting some impression by listening, e.g.,

② 他 说的 听起来是对的。
　 Tā shuō de, tīng qilai shì duì de.

**2** 一来……，二来……　　The structure 一来……，二来……

关联词，连接表示原因或目的的分句，用在每个分句的开头。有时候可以继续用"三来……，四来……"。例如：

The structure is used as a conjunction at the beginning of a sentence to connect the two clauses indicating reason or purpose. It is sometimes followed by "三来……，四来……", e.g.,

我想去北京留学，一来因为北京有很好的大学，还有很多名胜古迹，二来听说北京的留学生很多，可以交到很多国家的朋友。

Wǒ xiǎng qù Běijīng liú xué, yī lái yīnwèi Běijīng yǒu hěn hǎo de dàxué, hái yǒu hěn duō míngshèng gǔjì, èr lái tīngshuō Běijīng de liúxuéshēng hěn duō, kěyǐ jiāodào hěn duō guójiā de péngyou.

## 五 学习后任务　　REVIEW TASKS

采访3~5个不同国籍的人，了解他们理想的变化。

Interview 3-5 foreigners of different nationalities to learn the changes in their ideals.

|   | 国籍<br>guójí | 小时候<br>xiǎoshíhou | 长大以后<br>zhǎng dà yǐhòu | 毕业以后<br>bì yè yǐhòu | 结婚以后<br>jié hūn yǐhòu | 退休后<br>tuì xiū hòu |
|---|---|---|---|---|---|---|
| 1 |   |   |   |   |   |   |
| 2 |   |   |   |   |   |   |
| 3 |   |   |   |   |   |   |
| 4 |   |   |   |   |   |   |
| 5 |   |   |   |   |   |   |

# Unit 9  Talking about Occupations

## 六 自我评估  SELF-EVALUATION

### 1 你认识这些生词吗  Do you know these new words

请在你认识的生词前打√，数一下你认识的生词数。
Please tick √ before the words you know, and then count them.

☐ 职业  ☐ 理想  ☐ 女人  ☐ 男人  ☐ 教师  ☐ 餐厅  ☐ 游客
☐ 工资  ☐ 经验  ☐ 兼职  ☐ 打工  ☐ 服务  ☐ 乘客  ☐ 希望
☐ 适合  ☐ 游览  ☐ 各    ☐ 为    ☐ 了解  ☐ 司机  ☐ 地道

认识18~21个：太棒了！
Knowing 18-21 words: Wonderful!

认识14~17个：不错，要更加努力。
Knowing 14-17 words: Good. Please make more efforts.

认识14个以下：得复习复习。加油啊！
Knowing fewer than 14 words: Please review the lesson.

### 2 选一选，测一测  Choose and test

在正确的句子或合适的答句前打√，看看你语法学得怎么样。
Tick √ before the right sentences or answers to check how well you have learned the grammar.

① 你在哪儿工作？
Nǐ zài nǎr gōngzuò?

　A. 我 在一家 旅行社 工作。[→②]
　　 Wǒ zài yì jiā lǚxíngshè gōngzuò.

　B. 我 工作 在一家 旅行社。[→③]
　　 Wǒ gōngzuò zài yì jiā lǚxíngshè.

② 老板 说 这个 周末 不 休息。
Lǎobǎn shuō zhège zhōumò bù xiūxi.

　A. 看 起来我们 的 周末 会 很 忙。[→⑤]
　　 Kàn qǐlai wǒmen de zhōumò huì hěn máng.

　B. 我们 的 周末 会 很 忙 看起来。[→④]
　　 Wǒmen de zhōumò huì hěn máng kàn qǐlai.

③ 你理想的职业是什么?
　Nǐ lǐxiǎng de zhíyè shì shénme?

　　A. 我的理想是医生。[→C]
　　　 Wǒ de lǐxiǎng shì yīshēng.

　　B. 我想当医生。[→②]
　　　 Wǒ xiǎng dāng yīshēng.

④ 你觉得我和她谁说的对?
　Nǐ juéde wǒ hé tā shéi shuō de duì?

　　A. 听起来他说得对。[→⑤]
　　　 Tīng qilai tā shuō de duì.

　　B. 他听起来说得对。[→D]
　　　 Tā tīng qilai shuō de duì.

⑤ A. 周末我想打工，可以赚一点儿钱一来，可以让我忙
　　　 Zhōumò wǒ xiǎng dǎ gōng, kěyǐ zhuàn yìdiǎnr qián yī lái, kěyǐ ràng wǒ máng
　　　 一点儿二来。[→B]
　　　 yìdiǎnr èr lái.

　　B. 周末我想打工，一来可以赚一点儿钱，二来可以让我
　　　 Zhōumò wǒ xiǎng dǎ gōng, yī lái kěyǐ zhuàn yìdiǎnr qián, èr lái kěyǐ ràng wǒ
　　　 忙一点儿。[→A]
　　　 máng yìdiǎnr.

A. 太棒了，你语法学得非常好！
　 Wonderful, you have learned the grammar very well!

B. 你的语法学得不错。不过要注意"一来""二来"用于分
　 句的开头，不能用在句末。
　 You have learned the grammar well. However, please note
　 "一来" and "二来" are used at the beginning of a clause,
　 not at the end of it.

C. 注意职业和工作的表达方法。
　 Pay attention to the expressions of occupations and jobs.

D. 注意"看起来"和"听起来"的用法，请认真看一下语法
　 注释1。
　 Pay attention to the usage of "看起来" and "听起来".
　 Refer to Grammar Note 1 for more details.

# Unit 9　Talking about Occupations

 文化小贴士　CULTURAL NOTES

### （一）你知道吗　Do You Know

#### 中国的大学生打工吗？
#### Do Chinese College Students Take Part-Time Jobs?

在中国，很多孩子在大学毕业以前是不打工的。中国的父母认为，孩子们在大学毕业以前的主要任务是学习，因此，学费和生活费通常由父母负担。现在，越来越多的大学新生开始利用课余时间打工，一来为了赚一些零花钱，二来为了积累更多的社会经验，以便为自己将来找工作加分。

Chinese kids didn't take part-time jobs before they graduated from colleges. Their parents believed that the major task of their children was to study; therefore, their tuition fees and living expenses were provided by their parents. Now, more and more college freshmen start to take part-time jobs in their spare time. Firstly, they want to earn some pin money; secondly, they want to gain more social experience and lay a foundation for their future career.

### （二）图片看中国　China in Pictures

中文辅导老师
Zhōngwén fǔdǎo lǎoshī
Chinese tutor

大学毕业
dàxué bì yè
College graduation

茶艺师
cháyìshī
Tea specialist

# 第十单元
# Unit 10

# 谈旅行计划
## Talking about the Itinerary of a Trip

| 话题<br>Topic | 谈论旅行计划<br>Talking about the itinerary of a trip |
|---|---|
| 任务目标<br>Instructional Objectives | 学会制订详细的旅行计划；能咨询旅行团，并预订一次旅行<br>Students can make a detailed itinerary; they can also get information from a travel agency and make reservations for a trip. |
| 重点词语<br>Key Words | 推荐 tuījiàn、线路 xiànlù、具体 jùtǐ、要求 yāoqiú、感兴趣 gǎn xìngqù、比如 bǐrú、游览 yóulǎn、适合 shìhé、出发 chūfā、行程 xíngchéng |
| 重点语句<br>Key Sentences | 1. 请您给我们推荐一条合适的线路。 Qǐng nín gěi wǒmen tuījiàn yì tiáo héshì de xiànlù.<br>2. 您能说说具体要求吗？ Nín néng shuōshuo jùtǐ yāoqiú ma?<br>3. 要是你们想多看看名胜古迹的话，我认为我们新开的一条历史名城线路比较适合您。 Yàoshi nǐmen xiǎng duō kànkan míngshèng gǔjì dehuà, wǒ rènwéi wǒmen xīn kāi de yì tiáo lìshǐ míngchéng xiànlù bǐjiào shìhé nín. |
| 语法点<br>Grammar Points | 1. "或者"与"还是"的区别  Difference between "或者" and "还是"<br>2. 假设复句：如果/要是……的话，……  Hypothetical compound sentence：如果/要是……的话，…… |

# New Target Chinese Spoken Language (3)

## 导入  WARM-UP

下个假期你打算去旅行吗？什么时候去？去哪些地方？你有计划了吗？

Xià ge jiàqī nǐ dǎsuan qù lǚxíng ma? Shénme shíhou qù? Qù nǎxiē dìfang? Nǐ yǒu jìhuà le ma?

Will you go on a trip in your next vacation? When and where will you go? Do you have a plan about it?

## 一 头脑风暴  BRAINSTORM

- 寒假 hánjià — winter vacation
- 暑假 shǔjià — summer vacation
- 年假 niánjià — annual leave
- 假期 jiàqī — vacations

- 旅行团 lǚxíngtuán — travel group
- 导游 dǎoyóu — tour guide
- 旅行社 lǚxíngshè — travel agency
- 自由行 zìyóuxíng — self-guided tour
- 旅行 lǚxíng — travel
- 行程 xíngchéng — journey, trip

- 景点 jǐngdiǎn — scenic spots
- 旅行线路 lǚxíng xiànlù — travel line
- 费用 fèiyong — cost

- 坐飞机 zuò fēijī — to take a plane
- 坐火车 zuò huǒchē — to take a train
- 订机票/火车票 dìng jīpiào/huǒchē piào — to book a plane/train ticket
- 往返机票 wǎngfǎn jīpiào — round-trip ticket
- 单程机票 dānchéng jīpiào — one-way ticket
- 行李箱 xíngli xiāng — suitcase
- 托运 tuōyùn — to consign
- 订酒店 dìng jiǔdiàn — to book a hotel

# Unit 10  Talking about the Itinerary of a Trip

## 一 生词总动员  WORD POWER

### 1 中国的名胜古迹  Places of interest in China

（1）你知道这些景点的名字吗？
Do you know the names of the following scenic spots?

少林寺　　西湖　　长城　　大雁塔　　白马寺　　龙门石窟
Shàolín Sì　Xī Hú　Chángchéng　Dàyàn Tǎ　Báimǎ Sì　Lóngmén Shíkū

（2）你知道这些景点在中国的哪些城市吗？
Do you know what cities of China are these scenic spots in?

| | |
|---|---|
| 西湖  Xī Hú | 北京  Běijīng |
| 长城  Chángchéng | 杭州  Hángzhōu |
| 大雁塔  Dàyàn Tǎ | 西安  Xī'ān |
| 龙门石窟  Lóngmén Shíkū | 洛阳  Luòyáng |

第十单元　谈旅行计划

（3）你游览过哪些景点？
What scenic spots you have been to?

> 例　我 游览 过 很 多 景点，比如，……、……、……等。今年 我
> 　　Wǒ yóulǎn guo hěn duō jǐngdiǎn, bǐrú, …… 、 …… 、 ……děng. Jīnnián wǒ
> 打算 游览…… 或者……。
> dǎsuan yóulǎn …… huòzhě …….

## 2　听要求，选线路　Listen to the requirement and choose your travel route

| 旅行线路 Travel route | 适合谁 Persons to be suited |
|---|---|
| 北京——上海<br>Běijīng　Shànghǎi | |
| 洛阳——西安——南京<br>Luòyáng　Xī'ān　Nánjīng | |
| 杭州——云南<br>Hángzhōu　Yúnnán | |

> 例　这 条 旅行线路适合……，因为 他/她……，所以 我 给
> 　　Zhè tiáo lǚxíng xiànlù shìhé ……, yīnwèi tā……, suǒyǐ wǒ gěi
> 他/她推荐 这 条 线路。
> tā　tuījiàn zhè tiáo xiànlù.

# Unit 10  Talking about the Itinerary of a Trip

## 生词大盘点 VOCABULARY LIST

| | | | | |
|---|---|---|---|---|
| 1 | 线路 | xiànlù | 名 | route, line |
| 2 | 暑假 | shǔjià | 名 | summer vacation |
| 3 | 要求 | yāoqiú | 名 | requirement |
| 4 | 风景 | fēngjǐng | 名 | scenery |
| 5 | 景点 | jǐngdiǎn | 名 | scenic spot |
| 6 | 外国 | wàiguó | 名 | foreign (country) |
| 7 | 历史 | lìshǐ | 名 | history |
| 8 | 文化 | wénhuà | 名 | culture |
| 9 | 行程 | xíngchéng | 名 | the route or distance of travel, journey |
| 10 | 些 | xiē | 量 | some, a few |
| 11 | 帮 | bāng | 动 | to help |
| 12 | 推荐 | tuījiàn | 动 | to recommend |
| 13 | 认为 | rènwéi | 动 | to think, to believe |
| 14 | 开 | kāi | 动 | to open up |
| 15 | 出发 | chūfā | 动 | to set out, to start off |
| 16 | 飞 | fēi | 动 | to fly |
| 17 | 订 | dìng | 动 | to book, to order |
| 18 | 具体 | jùtǐ | 形 | concrete, specific |
| 19 | 名 | míng | 形 | famous, well-known |
| 20 | 优美 | yōuměi | 形 | beautiful |
| 21 | 不错 | búcuò | 形 | good |
| 22 | 要是 | yàoshi | 连 | if, in case |
| 23 | 的话 | dehuà | 助 | in case that…, if |
| 24 | 等 | děng | 助 | and so on |
| 25 | 或者 | huòzhě | 连 | or, either…or… |
| 26 | 感兴趣 | gǎn xìngqù | | to be interested in |

# New Target Chinese Spoken Language (3)

| 27 | ……城 | ……chéng | city |
| 28 | ……游 | ……yóu | a tour of |

## 专有名词 Proper Nouns

| 1 | 少林寺 | Shàolín Sì | Shaolin Temple |
| 2 | 西湖 | Xī Hú | West Lake |
| 3 | 大雁塔 | Dàyàn Tǎ | Great Wild Goose Pagoda |
| 4 | 白马寺 | Báimǎ Sì | White Horse Temple |
| 5 | 龙门石窟 | Lóngmén Shíkū | Longmen Grottoes |
| 6 | 洛阳 | Luòyáng | Luoyang, a city in Henan Province |
| 7 | 南京 | Nánjīng | Nanjing, capital of Jiangsu Province |

## 三 任务及活动　TASKS AND ACTIVITIES

### （一）任务示范　Task Demonstration

这个暑假大龙想去旅行，暑假前，大龙给旅行社打电话，一位女职员接了电话。

The scene of the story: Dalong wants to travel in this summer vacation and he is calling a travel agency before the vacation. A girl is answering his call.

大龙：喂，是美龙旅行社吗？
Dàlóng: Wèi, shì Měilóng Lǔxíngshè ma?

职员：是。您好！有什么可以帮您的？
zhíyuán: Shì. Nín hǎo! Yǒu shénme kéyǐ bāng nín de?

大龙：这个暑假我想跟朋友一起出去旅行，想请您给我们
Dàlóng: Zhège shǔjià wǒ xiǎng gēn péngyou yìqǐ chūqu lǔxíng, xiǎng qǐng nín gěi wǒmen
推荐一条合适的线路。
tuījiàn yì tiáo héshì de xiànlù.

# Unit 10  Talking about the Itinerary of a Trip

职员: 我们 有 好多条线路。您 能 说说 具体的要求 吗?
zhíyuán: Wǒmen yǒu hǎo duō tiáo xiànlù. Nín néng shuōshuo jùtǐ de yāoqiú ma?

您 是 喜欢去 风景 优美 的 景点 呢, 还是 想 去一些
Nín shì xǐhuan qù fēngjǐng yōuměi de jǐngdiǎn ne, háishi xiǎng qù yìxiē

有名 的 城市 看看?
yǒumíng de chéngshì kànkan?

大龙: 我们 都 是 外国 留学生, 所以 想 多了解 一些 中国
Dàlóng: Wǒmen dōu shì wàiguó liúxuéshēng, suǒyǐ xiǎng duō liǎojiě yìxiē Zhōngguó

文化。
wénhuà.

职员: 要是 你们 想 多 看看 名胜 古迹的话, 我 认为 我们 新
zhíyuán: Yàoshi nǐmen xiǎng duō kànkan míngshèng gǔjì dehuà, wǒ rènwéi wǒmen xīn

开 的一条 历史 名城 线路比较 适合您, 洛阳——西安——
kāi de yì tiáo lìshǐ míngchéng xiànlù bǐjiào shìhé nín, Luòyáng——Xī'ān——

南京 三地10日游, 您 觉得 怎么样?
Nánjīng sān dì shí rì yóu, nín juéde zěnmeyàng?

大龙: 挺 好 的。能 介绍一下具体 行程 吗?
Dàlóng: Tǐng hǎo de. Néng jièshào yíxià jùtǐ xíngchéng ma?

职员: 7 月 15 号 从 北京 出发, 坐飞机到 洛阳, 洛阳 3 天,
zhíyuán: Qī yuè shíwǔ hào cóng Běijīng chūfā, zuò fēijī dào Luòyáng, Luòyáng sān tiān,

西安 3 天, 南京 3 天, 7 月 25 号 飞回 北京。
Xī'ān sān tiān, Nánjīng sān tiān, qī yuè èrshíwǔ hào fēihuí Běijīng.

大龙: 我们 都 游览哪些 景点 呢?
Dàlóng: Wǒmen dōu yóulǎn nǎxiē jǐngdiǎn ne?

职员: 三 地有名 的 景点 都
zhíyuán: Sān dì yǒumíng de jǐngdiǎn dōu

会 游览, 拿 洛阳 来 说,
huì yóulǎn, ná Luòyáng lái shuō,

有 龙门 石窟、白马寺、
yǒu Lóngmén Shíkū、 Báimǎ Sì、

少林 寺 等。
Shàolín Sì děng.

大龙: 这 条 线路不错, 我们 就
Dàlóng: Zhè tiáo xiànlù búcuò, wǒmen jiù

订 这个 吧。
dìng zhège ba.

第十单元　谈旅行计划

163

# New Target Chinese Spoken Language (3)

## （二）分步任务活动　Perform the Tasks Step by Step

**1　我是导游　I am a tour guide**

**单人活动**　将下列城市或省区按特点归类。

**Individual work:** Please classify the following cities, provinces or regions based on their characteristics.

| 北京 | 上海 | 西安 | 洛阳 | 南京 |
|---|---|---|---|---|
| Běijīng | Shànghǎi | Xī'ān | Luòyáng | Nánjīng |
| 杭州 | 新疆 | 西藏 | 云南 | 内蒙古 |
| Hángzhōu | Xīnjiāng | Xīzàng | Yúnnán | Nèiměnggǔ |

| 历史名城<br>lìshǐ míngchéng | 风景优美<br>fēngjǐng yōuměi | 现代化大都市<br>Xiàndàihuà dà dūshì |
|---|---|---|
|  |  |  |

**两人活动**　假如你是一名导游，请给同伴介绍一下中国有名的城市和景点。

**Pair work:** Suppose you were a tour guide. Please introduce some famous cities and scenic spots in China to your partner.

**例**

中国有很多有名的城市和景点，如果你喜欢风景优美的地方的话，我推荐你去……、……。如果你对中国的历史和文化感兴趣的话，我推荐你游览历史名城，比如……、……、……等。这些地方有很多名胜古迹，拿……来说，有……、……、……等。如果你对现代化大都市感兴趣的话，你可以去……、……游览。

Zhōngguó yǒu hěn duō yǒumíng de chéngshì hé jǐngdiǎn, rúguǒ nǐ xǐhuan fēngjǐng yōuměi de dìfang dehuà, wǒ tuījiàn nǐ qù……、……. Rúguǒ nǐ duì Zhōngguó de lìshǐ hé wénhuà gǎn xìngqù dehuà, wǒ tuījiàn nǐ yóulǎn lìshǐ míng chéng, bǐrú……、……、…… děng. Zhèxiē dìfang yǒu hěn duō míngshèng gǔjì, ná…… lái shuō, yǒu……、……、…… děng. Rúguǒ nǐ duì xiàndàihuà dà dūshì gǎn xìngqù dehuà, nǐ kěyǐ qù……、…… yóulǎn.

# Unit 10  Talking about the Itinerary of a Trip

## 2  介绍行程  Talk about the itinerary

**个人活动**: 听旅行社的电话录音，记录并说出这次旅行的具体行程。

**Individual work:** Listen to the telephone recording of a travel agency. Take note and then talk about the details of the itinerary of this trip.

| 旅行时间<br>lǚxíng shíjiān | 月　　号 ~ 月　　号<br>yuè　hào　　yuè　hào | | |
|---|---|---|---|
| 旅行线路<br>lǚxíng xiànlù | | | |
| 具体行程<br>jùtǐ xíngchéng | 月　　号<br>yuè　hào | 从……出发<br>cóng　chūfā | 坐……<br>zuò | 到……<br>dào |
| | 月　号 ~ 月　号<br>yuè hào　yuè hào | 游览……<br>yóulǎn | | |
| | 月　　号<br>yuè　hào | 从……出发<br>cóng　chūfā | 坐……<br>zuò | 到……<br>dào |
| | 月　号 ~ 月　号<br>yuè hào　yuè hào | 游览……<br>yóulǎn | | |
| | 月　　号<br>yuè　hào | 从……出发<br>cóng　chūfā | 坐……<br>zuò | 到……<br>dào |

**例**

这次旅行从……月……号到……月……号，一共……天。旅行线路是……。这条线路的具体行程是：……月……号从……出发，坐……到……，在……玩儿……天。然后……

Zhè cì lǚxíng cóng …… yuè …… hào dào …… yuè …… hào, yígòng …… tiān. Lǚxíng xiànlù shì ……. Zhè tiáo xiànlù de jùtǐ xíngchéng shì: …… yuè …… hào cóng ……chūfā, zuò …… dào ……, zài …… wánr …… tiān. Ránhòu ……

# New Target Chinese Spoken Language (3)

## （三）综合任务活动　Comprehensive Tasks

**1　旅游计划　Itinerary of a trip**

**两人活动**　假期你和朋友都想去旅行，你们一边看旅行社的介绍材料，一边商量。

**Pair work:** You are going to travel with your friends during this vacation. You are talking about your trip while reading the briefing materials of a travel agency.

---

两地7日游
liǎng dì qī rì yóu

时间：8月10号~16号
shíjiān: bā yuè shí hào~shíliù hào

线路：上海——杭州
xiànlù: Shànghǎi —— Hángzhōu

价钱：2000元/人
jiàqian: 2000 yuán/rén

美龙旅行社　4008006
Měilóng Lǚxíngshè

---

三地10日游
sān dì shí rì yóu

时间：8月11号~20号
shíjiān: bā yuè shíyī hào~èrshí hào

线路：北京——西安——洛阳
xiànlù: Běijīng —— Xī'ān —— Luòyáng

价钱：3500元/人
jiàqian: 3500 yuán/rén

美龙旅行社　4008006
Měilóng Lǚxíngshè

---

两国7日游
liǎng guó qī rì yóu

时间：8月16号~22号
shíjiān: bā yuè shíliù hào~èrshí'èr hào

线路：德国——法国
xiànlù: Déguó —— Fǎguó

价钱：23800元/人
jiàqian: 23800 yuán/rén

美龙旅行社　4008006
Měilóng Lǚxíngshè

---

三国12日游
Sān guó shí'èr rì yóu

时间：8月19号~30号
shíjiān: bā yuè shíjiǔ hào~sānshí hào

线路：泰国——马来西亚——新加坡
xiànlù: Tàiguó —— Mǎláixīyà —— Xīnjiāpō

价钱：11800元/人
jiàqian: 11800 yuán/rén

美龙旅行社　4008006
Měilóng Lǚxíngshè

---

A：你喜欢游览风景优美的城市还是历史名城？
　　Nǐ xǐhuan yóulǎn fēngjǐng yōuměi de chéngshì háishi lìshǐ míng chéng?

B：我喜欢……。你呢？
　　Wǒ xǐhuan……. Nǐ ne?

# Unit 10  Talking about the Itinerary of a Trip

A: 我 对 中国 历史……，所以 我 更 喜欢……。
　　Wǒ duì Zhōngguó lìshǐ……, suóyǐ wǒ gèng xǐhuan…….

B: 那第……条 线路……我，第……条 线路……你。
　　Nà dì…… tiáo xiànlù…… wǒ, dì…… tiáo xiànlù…… nǐ.

A: 是啊，这些 地方 我 都 没 去过，而且 价钱 和 时间 也 都 挺……。
　　Shì a, zhèxiē dìfang wǒ dōu méi qùguo, érqiě jiàqian hé shíjiān yě dōu tǐng…….

B: 我 也 这样 认为。
　　Wǒ yě zhèyàng rènwéi.

A: 那 我们 回去 给……打 电话 问问 具体……吧。
　　Nà wǒmen huíqu gěi…… dǎ diànhuà wènwen jùtǐ…… ba.

B: 好 的。
　　Hǎo de.

**表演活动** 给旅行社打电话，一人扮演旅行社职员接电话。

**Role-play:** Call the travel agency. One student plays the role of a clerk in a travel agency.

A: 喂，您好！是……吗？
　　Wèi, nín hǎo! shì ……ma?

B: 是，您好！有 什么……您？
　　Shì, nín hǎo! Yǒu shénme……nín?

A: 这个 暑假 我 想 去旅行，我 看了 你们 的 广告 (advertisement)，我 觉得
　　Zhège shǔjià wǒ xiǎng qù lǚxíng, wǒ kànle nǐmen de guǎnggào, wǒ juéde

　　8 月 10 号 的…… 游 挺 适合 我 的，我 想 问一下 具体……
　　bā yuè shí hào de…… yóu tǐng shìhé wǒ de, wǒ xiǎng wèn yíxià jùtǐ……

B: 好 的。8 月 10 号 出发，坐 飞机 到……
　　Hǎo de. Bā yuè shí hào chūfā, zuò fēijī dào……

A: 我们 都 游览 哪些……呢？
　　Wǒmen dōu yóulǎn nǎxiē …… ne?

B: ……地 有 名 的……我们 都 会 游览，拿……来说，有……、……等。
　　…… dì yǒumíng de…… wǒmen dōu huì yóulǎn, ná…… láishuō, yǒu……、…… děng.

A: 我 认为 这 条 线路 不错，就 订 这个 吧。
　　Wǒ rènwéi zhè tiáo xiànlù búcuò, jiù dìng zhège ba.

B: 好 的。
　　Hǎo de.

# New Target Chinese Spoken Language (3)

## 2 我的自由行　My self-guided tour

（1）看下面的文章，然后回答问题。
　　　Read the following passage and then answer the questions.

### 欢迎 (to welcome) 您来北京旅游

　　如果您想在中国旅游的话，您可以来北京看看。北京是中国的首都 (capital)，也是中国的历史名城之一，有很多名胜古迹，比如长城、故宫、天安门等。要是您想看看北京新景点的话，您可以游览鸟巢、水立方等。要是您想买东西的话，可以去王府井看看，那儿有很多商店。在北京旅游，您可以坐出租车，坐公共汽车，也可以坐地铁，又方便又便宜。北京有很多小吃，还有非常好吃的北京烤鸭，您想不想来尝尝呢？当然，如果您不习惯 (get used to, habit) 中国菜的话，在北京也可以找到非常好吃的汉堡、意大利菜、法国菜、泰国菜等。北京欢迎您！

Huānyíng Nín Lái Běijīng Lǚyóu

　　Rúguǒ nín xiǎng zài Zhōngguó lǚyóu dehuà, nín kěyǐ lái Běijīng kànkan. Běijīng shì Zhōngguó de shǒudū, yě shì Zhōngguó de lìshǐ míng chéng zhī yī, yǒu hěn duō míngshèng gǔjì, bǐrú Chángchéng、Gùgōng、Tiān'ānmén děng. Yàoshi nín xiǎng kànkan Běijīng xīn jǐngdiǎn dehuà, nín kěyǐ yóulǎn Niǎocháo、Shuǐlìfāng děng. Yàoshi nín xiǎng mǎi dōngxi dehuà, kěyǐ qù Wángfǔjǐng kànkan, nàr yǒu hěn duō shāngdiàn. Zài Běijīng lǚyóu, nín kěyǐ zuò chūzūchē, zuò gōnggòng qìchē, yě kěyǐ zuò dìtiě, yòu fāngbiàn yòu piányi.

Běijīng yǒu hěn duō xiǎochī, hái yǒu fēicháng hǎo chī de Běijīng Kǎoyā, nín xiǎng bu xiǎng lái chángchang ne? Dāngrán, rúguǒ nín bù xíguàn Zhōngguó cài dehuà, zài Běijīng yě kěyǐ zhǎodào fēicháng hǎochī de hànbǎo、Yìdàlì cài、Fǎguó cài、Tàiguó cài děng. Běijīng huānyíng nín!

# Unit 10  Talking about the Itinerary of a Trip

① 中国 的首都 是哪个 城市？
　　Zhōngguó de shǒudū shì nǎge chéngshì?

② 北京 有哪些 有名 的 景点？
　　Běijīng yǒu nǎxiē yǒumíng de jǐngdiǎn?

③ 北京 最 有名 的菜是 什么？
　　Běijīng zuì yǒumíng de cài shì shénme?

④ 你喜欢 吃 中国 菜吗？最喜欢 吃 的是 什么？
　　Nǐ xǐhuan chī Zhōngguó cài ma? Zuì xǐhuan chī de shì shénme?

⑤ 除了 中国 菜，北京 还有 什么 菜？
　　Chúle Zhōngguó cài, Běijīng hái yǒu shénme cài?

⑥ 你的 家人 或者 好 朋友 来过 北京 吗？
　　Nǐ de jiārén huòzhě hǎo péngyou láiguo Běijīng ma?

第十单元　谈旅行计划

169

（2）根据上面的文章，为你的家人或者好朋友安排一次北京自由行。完成旅行计划表。

Read the passage above and plan a trip to Beijing for your family or friends. Complete the following table of the travel plan.

| | | |
|---|---|---|
| 家人 / 好朋友<br>jiārén / hǎo péngyou | | |
| 要带什么东西<br>yào dài shénme dōngxi | | |
| 时间<br>shíjiān | | |
| 游览哪些景点<br>yóulǎn nǎ xiē jǐngdiǎn | 名胜古迹<br>míngshèng gǔjì | |
| | 现代景点<br>xiàndài jǐngdiǎn | |
| 坐什么交通工具<br>zuò shénme jiāotōng gōngjù | | |
| 吃什么菜<br>chī shénme cài | | |
| 买什么东西<br>mǎi shénme dōngxi | | |
| 住几个单人间？几个双人间？<br>Zhù jǐ ge dānrénjiān? Jǐ ge shuāngrénjiān? | | |

（3）说说你的北京旅行计划。
**Talk about your travel plan in Beijing.**

> 例 这个假期我 想 陪家人 / 好 朋友 去 北京 旅游。
> Zhège jiàqī wǒ xiǎng péi jiārén / hǎo péngyou qù Běijīng lǚyóu.
> 这 次 旅行 我 打算……
> Zhè cì lǚxíng wǒ dǎsuan……

## 四 语法点注释　GRAMMAR NOTES

### 1 "或者"与"还是"的区别　Difference between "或者" and "还是"

"或者"和"还是"都可以表示选择关系，但"或者"用于陈述句里，而"还是"则用在表示疑问的句子里。例如：

"或者" and "还是" are both used to indicate a selective relationship. However, "或者" is used in a declarative sentence, while "还是" is used in an interrogative sentence, e.g.,

① 今天 去 或者 明天 去 都 行。
　 Jīntiān qù huòzhě míngtiān qù dōu xíng.

② 你喝可乐还是 茶？
　 Nǐ hē kělè háishi chá?

"或者"还可以表示等同关系。例如：

"或者" can also be used to indicate an equivalent relationship, e.g.,

③ 您 对 哪些 城市 或者 景点 感 兴趣 呢？
　 Nín duì nǎxiē chéngshì huòzhě jǐngdiǎn gǎn xìngqù ne?

### 2 假设复句：如果/要是……的话，……
Hypothetical compound sentence：如果/要是……的话，……

"如果/要是……的话"表示假设，后一分句常用副词"就"承接上文，得出结论。"如果/要是……的话"也可以说"如果/要是……"或"……的话"。"如果"和"要是"意思基本相同，但"如果"更正式。"的话"用在表示假设的分句后面，引起下文，一般用于口语。例如：

"如果/要是……的话" indicates hypothesis, often with the second clause using the adverb "就" to continue from the preceding paragraph and draw a conclusion. It is equivalent to "如果/要是……" or "……的话". "如果" means "要是", but it is more formal. "的话" is usually used after a hypothesis clause in spoken Chinese to introduce the following paragraph, e.g.,

# Unit 10  Talking about the Itinerary of a Trip

① 如果 这样 的话，我 认为 我们 新开的一条历史名 城 线路 很 适合你。
   Rúguǒ zhèyàng dehuà, wǒ rènwéi wǒmen xīn kāi de yì tiáo lìshǐ míng chéng xiànlù hěn shìhé nǐ.

② 如果 坐 出租车去，大概 得 两 个小时。
   Rúguǒ zuò chūzūchē qù, dàgài děi liǎng ge xiǎoshí.

③ 要是 明天 天气 好的话，我们 就去爬 山。
   Yàoshì míngtiān tiānqì hǎo dehuà, wǒmen jiù qù pá shān.

④ 要是 买 生活 用品，我一般去 超市。
   Yàoshi mǎi shēnghuó yòngpǐn, wǒ yìbān qù chāoshì.

⑤ 买 水果 蔬菜 的话，你最好去 市场。
   Mǎi shuǐguǒ shūcài dehuà, nǐ zuìhǎo qù shìchǎng.

## 五 学习后任务  REVIEW TASKS

### 旅行档案  Travel file

采访你的一个喜欢旅行的朋友，完成下表。下次上课的时候，向全班同学介绍这位朋友的旅行档案。

Interview a friend who likes traveling and fill in the following form. Make a presentation based on your friend's travel file in your next class.

| | | |
|---|---|---|
| 去过的国家<br>qùguo de guójiā | | |
| 喜欢的景点<br>xǐhuan de jǐngdiǎn | | |
| 中国<br>Zhōngguó | 知道的中国城市<br>zhīdào de Zhōngguó chéngshì | |
| | 风景优美的城市<br>fēngjǐng yōuměi de chéngshì | |
| | 历史文化名城<br>lìshǐ wénhuà míng chéng | |
| | 知道的景点<br>zhīdào de jǐngdiǎn | |
| | 去过的中国城市和景点<br>qùguo de Zhōngguó chéngshì hé jǐngdiǎn | |

# 六 自我评估　SELF-EVALUATION

## 1　你认识这些生词吗　Do you know these new words

请在你认识的生词前打✓，然后数一下你认识的生词数。
Please tick ✓ before the words you know, and then count them.

☐ 帮　　☐ 暑假　　☐ 推荐　　☐ 线路　　☐ 具体　　☐ 要求　　☐ 行程

☐ 比如　☐ 感兴趣　☐ 外国　　☐ 景点　　☐ 适合　　☐ 出发　　☐ 历史

☐ 文化　☐ 认为　　☐ 新　　　☐ 等　　　☐ 风景　　☐ 优美　　☐ 或者

认识18~21个：太棒了！
Knowing 18-21 words: Wonderful!

认识14~17个：不错，要更加努力。
Knowing 14-17 words: Good. Please make more efforts.

认识14个以下：得复习复习。加油啊！
Knowing fewer than 14 words: Please review the lesson.

## 2　选一选，测一测　Choose and test

在正确的句子前打✓，看看你语法学得怎么样。
Tick ✓ before the right sentences to check how well you have learned the grammar.

① A. 要是 我 有 时间 的话，我 就 去 旅行。[→②]
　　　Yàoshi wǒ yǒu shíjiān dehuà, wǒ jiù qù lǚxíng.

　 B. 要是 我 有 时间 如果，我 就 去 旅行。[→③]
　　　Yàoshi wǒ yǒu shíjiān rúguǒ, wǒ jiù qù lǚxíng.

② A. 你坐 公共 汽车 或者 坐地铁都可以。[→⑤]
　　　Nǐ zuò gōnggòng qìchē huòzhě zuò dìtiě dōu kěyǐ.

　 B. 你坐 公共 汽车还是坐 地铁都可以。[→④]
　　　Nǐ zuò gōnggòng qìchē háishi zuò dìtiě dōu kěyǐ.

③ A. 如果你 想 游览历史名 城 的话，你可以去西安。[→②]
　　　Rúguǒ nǐ xiǎng yóulǎn lìshǐ míng chéng dehuà, nǐ kěyǐ qù Xī'ān.

　 B. 如果你 想 游览历史名 城，的话你可以去西安。[→C]
　　　Rúguǒ nǐ xiǎng yóulǎn lìshǐ míng chéng, dehuà nǐ kěyǐ qù Xī'ān.

④A. 你喜欢 游览 风景 优美 的 景点 还是喜欢 游览 历史 名 城？[→⑤]
　　Nǐ xǐhuan yóulǎn fēngjǐng yōuměi de jǐngdiǎn háishi xǐhuan yóulǎn lìshǐ míng chéng?

　B. 你喜欢 游览 风景 优美 的 景点 或者 喜欢 游览 历史 名 城？[→D]
　　Nǐ xǐhuan yóulǎn fēngjǐng yōuměi de jǐngdiǎn huòzhě xǐhuan yóulǎn lìshǐ míng chéng?

⑤A. 我 不对那个 景点 感 兴趣。[→B]
　　Wǒ bú duì nàge jǐngdiǎn gǎn xìngqù.

　B. 我 对那个 景点 不感 兴趣。[→A]
　　Wǒ duì nàge jǐngdiǎn bù gǎn xìngqù.

A. 太棒了，你的语法学得非常好！
   Wonderful, you have learned the grammar very well!

B. 你的语法学得不错。不过要注意 "对……感兴趣" 的否定形式是 "对……不感兴趣"。
   You have learned the grammar well. However, please note the negative form of "对……感兴趣" is "对……不感兴趣".

C. 注意假设复句的用法，请认真看一下语法点注释2。
   Pay attention to the usage of hypothetical compound sentences. Refer to Grammar Note 2 for more details.

D. 注意 "或者" 与 "还是" 的区别，请认真看一下语法点注释1。
   Pay attention to the difference between "或者" and "还是". Refer to Grammar Note 1 for more details.

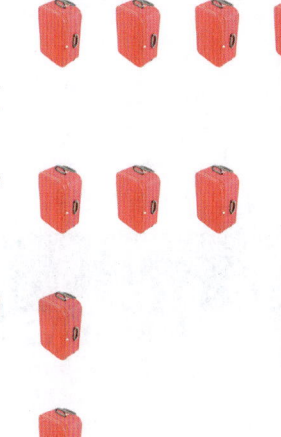

 文化小贴士　CULTURAL NOTES

（一）你知道吗　Do You Know

### 丝绸之路　The Silk Road

　　丝绸之路通常是指欧亚北部的商路。它是西汉（前202~9）时由张骞开辟的，以西安为起点，往西一直延伸到罗马。在这条路上运送的货物中，中国的丝绸最有代表性，因此这条商路被称为"丝绸之路"。

　　The Silk Road, starting at Xi'an and stretching westwards to Rome, refers to the northern Eurasian trade route opened up by Zhang Qian in the Eastern Han Dynasty (202 BC–9 ). Among the commodities transported along this road, Chinese silk was the most representative. As a result, it is known as the Silk Road.

## （二）图片看中国 China in Pictures

**敦煌莫高窟**
Dūnhuáng Mògāokū
Mogao Caves

**南京夫子庙**
Nánjīng Fūzǐmiào
Confucius Temple in Nanjing

**北京天坛**
Běijīng Tiāntán
Temple of Heaven in Beijing

# 词语总表 Vocabulary

## A

| | | | | |
|---|---|---|---|---|
| 爱上 | àishang | 动 | to like, to love | 3 |
| 熬夜 | áoyè | 动 | to stay up late | 5 |

## B

| | | | | |
|---|---|---|---|---|
| 白 | bái | 副 | in vain | 7 |
| 办法 | bànfǎ | 名 | method, means | 5 |
| 帮 | bāng | 动 | to help | 10 |
| 保姆 | bǎomǔ | 名 | baby-sitter, nanny | 9 |
| 报纸 | bàozhǐ | 名 | newspaper | 5 |
| 倍 | bèi | 名 | times, number equal to the original | 15 |
| 被 | bèi | 介/助 | *(used in the passive voice to indicate the subject of the sentence is the recipient of an action)* by | 8 |
| 比较 | bǐjiào | 副 | comparatively, relatively | 1 |
| 比如 | bǐrú | 动 | to take…as an example | 8 |
| 遍 | biàn | 量 | *(a measure word for actions)* once through | 8 |
| 冰箱 | bīngxiāng | 名 | refrigerator | 4 |
| 并 | bìng | 副 | *(used before a negative for emphasis but with a tinge of refutation)* actually, definitely | 3 |
| 博客 | bókè | 名 | blog | 8 |
| 不错 | búcuò | 形 | good | 10 |
| 不但 | búdàn | 连 | not only | 7 |
| 不过 | búguò | 连 | only, but | 5 |
| 不如 | bùrú | 动 | not equal to, not as good as | 6 |
| 不同 | bù tóng | | different | 8 |

## C

| | | | | |
|---|---|---|---|---|
| 才 | cái | 副 | just | 3 |
| 参加 | cānjiā | 动 | to take, to sit in | 5 |
| 餐厅 | cāntīng | 名 | restaurant | 9 |
| 称为 | chēng wéi | | to be called | 8 |
| 成绩 | chéngjì | 名 | test result | 5 |
| 成为 | chéngwéi | 动 | to become | 3 |
| ……城 | ……chéng | | city | 10 |

# New Target Chinese Spoken Language (3)

| 城市 | chéngshì | 名 | city | 2 |
| 乘客 | chéngkè | 名 | passenger | 9 |
| 出发 | chūfā | 动 | to set out, to start off | 10 |
| 出租 | chūzū | 动 | to rent, to lease | 4 |
| 厨房 | chúfáng | 名 | kitchen | 4 |
| 厨师 | chúshī | 名 | cook, chef | 9 |
| 床 | chuáng | 名 | bed | 4 |
| 从不 | cóng bù | | never | 7 |

## D

| 达人 | dárén | 名 | expert | 8 |
| 打工 | dǎ gōng | | to take a part-time job | 9 |
| 大厦 | dàshà | 名 | mansion | 2 |
| 担心 | dānxīn | 动 | to be worried | 5 |
| 单元 | dānyuán | 名 | unit | 4 |
| 但是 | dànshì | 连 | but, however | 6 |
| 倒 | dào | 副 | on the contrary (*indicating that something is not what one expects*) | 5 |
| 地 | de | 结构助词 | *used after an adverbial adjunct* | 3 |
| 的话 | dehuà | 助 | in case that…, if | 10 |
| 登山 | dēng shān | | to climb a mountain | 7 |
| 等 | děng | 助 | and so on | 10 |
| 地道 | dìdao | 形 | authentic, real | 9 |
| 地址 | dìzhǐ | 名 | address | 4 |
| 典型 | diǎnxíng | 形/名 | typical; model | 3 |
| 电话 | diànhuà | 名 | telephone | 4 |
| 电子 | diànzǐ | 名 | electronics | 6 |
| 订 | dìng | 动 | to book, to order | 10 |
| 东西 | dōngxi | 名 | thing, stuff | 6 |
| 都市 | dūshì | 名 | city, metropolis | 2 |
| 锻炼 | duànliàn | 动 | to do physical exercise | 7 |
| 对……来说 | duì……lái shuō | | for (somebody/something), to (somebody/something) | 3 |
| 顿 | dùn | 量 | *a measure word for meals* | 8 |

## F

| 翻译 | fānyì | 动/名 | to translate; translation | 5 |
| 房(子) | fáng(zi) | 名 | house | 4 |
| 房租 | fángzū | 名 | rent (for a house, flat, etc.) | 4 |
| 飞 | fēi | 动 | to fly | 10 |
| 风景 | fēngjǐng | 名 | scenery | 10 |

| | | | | | |
|---|---|---|---|---|---|
| 服务 | fúwù | 动 | to serve | 9 |
| 服装 | fúzhuāng | 名 | clothing | 6 |
| 副 | fù | 量 | a measure word for glasses | 1 |
| 附近 | fùjìn | 名 | near | 8 |
| 复习 | fùxí | 动 | to review | 5 |

## G

| | | | | |
|---|---|---|---|---|
| 改变 | gǎibiàn | 动 | to change, to alter | 3 |
| 干净 | gānjìng | 形 | clean | 6 |
| 感受 | gǎnshòu | 动 | to feel, to experience | 7 |
| 感兴趣 | gǎn xìngqù | | to be interested in | 10 |
| 刚 | gāng | 副 | just, very recently | 8 |
| 告诉 | gàosu | 动 | to tell | 4 |
| 各 | gè | 副 | each | 9 |
| 跟 | gēn | 介 | with | 9 |
| 工资 | gōngzī | 名 | salary | 9 |
| 购物 | gòuwù | 动 | to go shopping | 6 |
| 够……的 | gòu……de | | very | 2 |
| 古老 | gǔlǎo | 形 | old, age-old | 2 |
| 故事 | gùshi | 名 | story | 2 |
| 顾客 | gùkè | 名 | customer | 6 |
| 关系 | guānxi | 名 | relation | 9 |
| 光头 | guāngtóu | 名 | baldness | 1 |
| 逛 | guàng | 动 | to stroll | 6 |
| 逛街 | guàng jiē | | to go shopping | 7 |
| 规律 | guīlǜ | 名 | regulation | 3 |
| 过 | guò | 动 | to pass the time | 7 |

## H

| | | | | |
|---|---|---|---|---|
| 害怕 | hàipà | 动 | to be afraid of | 5 |
| 恨不得 | hèn bu de | | how one wishes one could | 8 |
| 胡同 | hútòng | 名 | bystreet, lane | 2 |
| 胡子 | húzi | 名 | beard, moustache | 1 |
| 户外 | hùwài | 名/形 | outdoor | 8 |
| 护士 | hùshi | 名 | nurse | 9 |
| 划算 | huásuàn | 形 | cost-effective | 6 |
| ~化 | ~huà | 尾 | (a suffix) -ize, -ify | 2 |
| 化学 | huàxué | 名 | chemistry | 5 |
| 回 | huí | 动 | to come back | 3 |
| 活泼 | huópō | 形 | lively | 1 |
| 或者 | huòzhě | 连 | or, either…or… | 10 |

## J

| | | | | |
|---|---|---|---|---|
| 几乎 | jīhū | 副 | almost | 8 |
| 记 | jì | 动 | to write down, to keep a record of | 4 |
| 既……又…… | jì……yòu…… | | both…and… | 1 |
| 加班 | jiā bān | | to overwork | 3 |
| 家电 | jiādiàn | 名 | household electrical appliances | 4 |
| 家具 | jiājù | 名 | furniture | 4 |
| 家乡 | jiāxiāng | 名 | hometown, native place | 2 |
| 价格 | jiàgé | 名 | price (written) | 6 |
| 价钱 | jiàqian | 名 | price (spoken) | 6 |
| 假期 | jiàqī | 名 | holiday, vacation | 7 |
| 兼职 | jiānzhí | 动/名 | to hold a concurrent post; part-time job | 9 |
| 简单 | jiǎndān | 形 | simple | 3 |
| 简直 | jiǎnzhí | 副 | simply, just | 3 |
| 健康 | jiànkāng | 形 | healthy | 3 |
| 交 | jiāo | 动 | to make (friends) | 1 |
| 郊区 | jiāoqū | 名 | suburb | 2 |
| 郊外 | jiāowài | 名 | outskirts, suburb | 8 |
| 教师 | jiàoshī | 名 | teacher | 9 |
| 金 | jīn | 形 | golden | 1 |
| 紧张 | jǐnzhāng | 形 | nervous | 5 |
| 经常 | jīngcháng | 副 | often | 3 |
| 经验 | jīngyàn | 名 | experience | 9 |
| 景点 | jǐngdiǎn | 名 | scenic spot | 10 |
| 具体 | jùtǐ | 形 | concrete, specific | 10 |
| 聚会 | jùhuì | 动/名 | to have a party, to get together; get-together | 7 |
| 卷 | juǎn | 形 | curly | 1 |

## K

| | | | | |
|---|---|---|---|---|
| 开 | kāi | 动 | to open up | 10 |
| 开朗 | kāilǎng | 形 | cheerful | 1 |
| 看上去 | kàn shangqu | | It seems that… | 1 |
| 考 | kǎo | 动 | to examine, to test | 5 |
| 可 | kě | 副 | very | 2 |
| 可不 | kěbù | 副 | exactly | 5 |
| 可靠 | kěkào | 形 | reliable, trustworthy | 6 |
| 可能 | kěnéng | 副 | probably, maybe | 6 |
| 客户 | kèhù | 名 | client | 3 |

| 客厅 | kètīng | 名 | living room | 4 |
| 空乘 | kōngchéng | 名 | stewardess | 9 |
| 空 | kòng | 名 | free time, spare time | 6 |
| 酷爱 | kù'ài | 动 | to have a keen interest in (something) | 8 |
| 快乐 | kuàilè | 形 | happy | 7 |
| 宽 | kuān | 形 | wide | 2 |
| 款式 | kuǎnshì | 名 | model, style | 6 |

## L

| 来着 | láizhe | 助 | an auxiliary word, indicating something that happened before | 7 |
| 劳逸结合 | láoyì jiéhé | | to strike a proper balance between work and leisure | 5 |
| 老人 | lǎorén | 名 | elder | 7 |
| 里(面) | lǐ (mian) | 名 | in, inside | 2 |
| 理想 | lǐxiǎng | 名 | ideal | 9 |
| 历史 | lìshǐ | 名 | history | 10 |
| 连……都…… | lián…… dōu…… | | even...all... | 5 |
| 脸色 | liǎnsè | 名 | look, complexion | 5 |
| 聊天儿 | liáo tiānr | | to chat | 7 |
| 了解 | liǎojiě | 动 | to understand | 9 |
| 了如指掌 | liǎorúzhǐzhǎng | | to know something perfectly well | 8 |
| 灵通 | língtōng | 形 | having quick access to information | 1 |
| 留 | liú | 动 | to stay | 9 |
| 留学生 | liúxuéshēng | 名 | international student | 4 |
| 楼 | lóu | 名 | (storied) building | 4 |
| 萝卜青菜，各有所爱 | luóbo qīngcài, gè yǒu suǒ ài | | everybody has his own preferences | 8 |

## M

| 嘛 | ma | 助 | a particle using at end of a sentence indicating that something is obvious | 8 |
| 麦霸 | màibà | 名 | karaoke master | 8 |
| 慢慢 | mànmàn | 形 | slow, gradual | 3 |
| 没想到 | méi xiǎngdào | | unexpectedly | 3 |
| 腼腆 | miǎntiǎn | 形 | shy, bashful | 1 |
| 苗条 | miáotiao | 形 | slim, slender | 1 |
| 名 | míng | 量 | a measure word for persons with some kind of identity | 9 |
| 名 | míng | 形 | famous, well-known | 10 |
| 名牌 | míngpái | 名 | famous brand | 6 |

| | | | | |
|---|---|---|---|---|
| 明白 | míngbai | 动 | to get to know, to understand | 7 |

## N

| | | | | |
|---|---|---|---|---|
| 拿……来说 | ná……lái shuō | | to take...as an example | 3 |
| 拿手 | náshǒu | 形 | good at, skilled in | 8 |
| 哪怕 | nǎpà | 连 | even if | 5 |
| 哪儿啊 | nǎr a | | not at all | 7 |
| 那还用说 | nà hái yòng shuō | | of course | 7 |
| 内向 | nèixiàng | 形 | introverted | 8 |
| 男人 | nánrén | 名 | man | 7 |
| 难 | nán | 形 | difficult | 5 |
| 难忘 | nánwàng | 形 | unforgettable | 7 |
| 能够 | nénggòu | 动 | can, to be able to | 3 |
| 农村 | nóngcūn | 名 | countryside | 2 |
| 女人 | nǚrén | 名 | woman | 7 |

## O

| | | | | |
|---|---|---|---|---|
| 偶尔 | ǒu'ěr | 副 | occasionally | 7 |

## P

| | | | | |
|---|---|---|---|---|
| 牌子 | páizi | 名 | brand | 6 |
| 攀岩 | pānyán | 动 | to climb rock | 8 |
| 旁边 | pángbiān | 名 | beside | 4 |
| 皮肤 | pífū | 名 | skin | 1 |

## Q

| | | | | |
|---|---|---|---|---|
| 器械 | qìxiè | 名 | equipment | 8 |
| 恰恰相反 | qiàqià xiāngfǎn | | just the opposite, exactly the reverse | 8 |
| 却 | què | 副 | (indicating a transition) but, yet, however | 8 |

## R

| | | | | |
|---|---|---|---|---|
| 热情 | rèqíng | 形 | enthusiastic | 1 |
| 人数 | rénshù | 名 | number of people | 5 |
| 认为 | rènwéi | 动 | to think, to believe | 10 |
| 容易 | róngyì | 形 | easy | 5 |

## S

| | | | | |
|---|---|---|---|---|
| 沙发 | shāfā | 名 | sofa | 4 |
| 商场 | shāngchǎng | 名 | department store | 6 |

| | | | | |
|---|---|---|---|---|
| 商业 | shāngyè | 名 | commerce | 2 |
| 上当 | shàngdàng | 动 | to be taken in, to be fooled | 6 |
| 身材 | shēncái | 名 | figure | 1 |
| 什么的 | shénmede | 助 | and so on, and so forth | 6 |
| 神秘 | shénmì | 形 | mysterious | 1 |
| 生活 | shēnghuó | 名/动 | life; to live | 3 |
| 实话 | shíhuà | 名 | truth | 3 |
| 市场 | shìchǎng | 名 | market | 6 |
| 适合 | shìhé | 动 | to fit, to suit | 9 |
| 书房 | shūfáng | 名 | study | 4 |
| 蔬菜 | shūcài | 名 | vegetables | 6 |
| 暑假 | shǔjià | 名 | summer vacation | 10 |
| 数学 | shùxué | 名 | mathematics | 5 |
| 水果 | shuǐguǒ | 名 | fruit | 6 |
| 睡懒觉 | shuì lǎn jiào | | to sleep in, to sleep late | 7 |
| 司机 | sījī | 名 | driver | 9 |
| 寺庙 | sìmiào | 名 | temple | 2 |
| 俗话 | súhuà | 名 | saying | 2 |
| 宿舍 | sùshè | 名 | dormitory | 4 |
| 虽然 | suīrán | 连 | although | 6 |
| 所以 | suǒyǐ | 连 | so | 3 |

## T

| | | | | |
|---|---|---|---|---|
| 台 | tái | 量 | a measure word for electronics | 6 |
| 跆拳道 | táiquándào | 名 | taekwondo | 8 |
| 套 | tào | 量 | set, suit | 4 |
| 体育 | tǐyù | 名 | P.E., sports | 5 |
| 挺……的 | tǐng……de | | quite | 7 |
| 推荐 | tuījiàn | 动 | to recommend | 10 |

## W

| | | | | |
|---|---|---|---|---|
| 外国 | wàiguó | 名 | foreign (country) | 10 |
| 外交官 | wàijiāoguān | 名 | diplomat | 9 |
| 外卖 | wàimài | 名/动 | take-out; to provide takeaway/take-out service | 8 |
| 外向 | wàixiàng | 形 | extroverted | 8 |
| 外语 | wàiyǔ | 名 | foreign language | 5 |
| 完全 | wánquán | 副 | absolutely, completely | 1 |
| 网店 | wǎngdiàn | 名 | online store | 8 |
| 网站 | wǎngzhàn | 名 | website | 6 |
| 卫生间 | wèishēngjiān | 名 | bathroom, toilet | 4 |

# New Target Chinese Spoken Language (3)

| 为 | wèi | 介 | for | 9 |
| 为了 | wèile | 介 | for, in order to | 3 |
| 位 | wèi | 量 | a measure word for persons | 4 |
| 喂 | wèi | 叹 | (an interjection) hello | 4 |
| 文化 | wénhuà | 名 | culture | 10 |
| 文静 | wénjìng | 形 | gentle and quiet | 1 |
| 问 | wèn | 动 | to ask, to inquire | 4 |
| 卧室 | wòshì | 名 | bedroom | 4 |
| 无聊 | wúliáo | 形 | boring | 7 |
| 物理 | wùlǐ | 名 | physics | 5 |

# X

| 希望 | xīwàng | 动/名 | to hope; hope | 9 |
| 习惯 | xíguàn | 名/动 | habit; to be used to | 3 |
| 洗衣机 | xǐyījī | 名 | washing machine | 4 |
| 细 | xì | 形 | thin, slim | 1 |
| 现代 | xiàndài | 名 | modern (time) | 2 |
| 线路 | xiànlù | 名 | route, line | 10 |
| 像……一样 | xiàng……yíyàng | | to look like | 2 |
| 消息 | xiāoxi | 名 | news, information | 1 |
| 小区 | xiǎoqū | 名 | community | 4 |
| 笑口常开 | xiào kǒu cháng kāi | | grinning all the time | 1 |
| 些 | xiē | 量 | some, a few | 10 |
| 心情 | xīnqíng | 名 | mood | 7 |
| 新 | xīn | 形 | new | 8 |
| 新颖 | xīnyǐng | 形 | new and original | 6 |
| 行 | xíng | 动 | That's OK. | 5 |
| 行程 | xíngchéng | 名 | the route or distance of travel, journey | 10 |
| 性格 | xìnggé | 名 | personality, character | 1 |
| 选 | xuǎn | 动 | to select, to choose | 7 |
| 选择 | xuǎnzé | 动 | to choose, to select | 3 |

# Y

| 呀 | ya | 助 | ah, oh | 2 |
| (颜)色 | (yán)sè | 名 | color | 1 |
| 眼镜 | yǎnjìng | 名 | glasses | 1 |
| 样 | yàng | 量 | kind, type, sort | 8 |
| 要求 | yāoqiú | 名 | requirement | 10 |
| 要是 | yàoshi | 连 | if, in case | 10 |
| 夜猫子 | yèmāozi | 名 | people who go to bed late | 3 |

| | | | | | |
|---|---|---|---|---|---|
| 一半 | yíbàn | 数 | | half | 2 |
| 一日三餐 | yí rì sān cān | | | three meals a day | 3 |
| 已经 | yǐjīng | 副 | | already, yet | 2 |
| 一般 | yìbān | 形 | | general | 3 |
| 因为 | yīnwèi | 连 | | because | 3 |
| 印象 | yìnxiàng | 名 | | impression | 1 |
| 英俊 | yīngjùn | 形 | | handsome | 1 |
| 用品 | yòngpǐn | 名 | | articles for use | 6 |
| 优美 | yōuměi | 形 | | beautiful | 10 |
| ……游 | ……yóu | | | a tour of | 10 |
| 游客 | yóukè | 名 | | tourist | 9 |
| 游览 | yóulǎn | 动 | | to visit (a place) | 9 |
| 游戏 | yóuxì | 名 | | game | 7 |
| 有把握 | yǒu bǎwò | | | confident | 5 |
| 有时候 | yǒu shíhou | | | sometimes | 3 |
| 有意思 | yǒu yìsi | | | interesting | 7 |
| 有意义 | yǒu yìyì | | | meaningful | 7 |
| 瑜伽 | yújiā | 名 | | yoga | 7 |
| 远亲不如近邻 | yuǎnqīn bùrú jìnlín | | | A far-off relative is not as helpful as a neighbor. | 2 |
| 越来越 | yuè lái yuè | | | more and more | 5 |

## Z

| | | | | | |
|---|---|---|---|---|---|
| 攒 | zǎn | 动 | | to save (money) | 9 |
| 宅 | zhái | 名 | | house, residence | 8 |
| 窄 | zhǎi | 形 | | narrow | 2 |
| 张 | zhāng | 量 | | *a measure word for something flat, such as a photo, map, card* | 2 |
| 照 | zhào | 动 | | to take (a photo) | 2 |
| 照顾 | zhàogù | 动 | | to take care of | 9 |
| 照片 | zhàopiàn | 名 | | photo, picture | 2 |
| 这么 | zhème | 代 | | so, such | 7 |
| 这样 | zhèyàng | 代 | | like this, so, such | 1 |
| 镇 | zhèn | 名 | | town | 2 |
| 整天 | zhěng tiān | | | all day long, day and night | 8 |
| ……之一 | ……zhī yī | | | one of | 2 |
| 直 | zhí | 形 | | straight | 1 |
| 职业 | zhíyè | 名 | | job, occupation | 9 |
| 只好 | zhǐhǎo | 副 | | to have to, to be forced to | 3 |
| 制作 | zhìzuò | 动 | | to make | 9 |

| | | | | |
|---|---|---|---|---|
| 中心 | zhōngxīn | 名 | center | 2 |
| 种 | zhǒng | 量 | kind, type | 8 |
| 重要 | zhòngyào | 形 | important, significant | 3 |
| 住 | zhù | 动 | to live | 4 |
| 赚 | zhuàn | 动 | to earn | 9 |
| 自己 | zìjǐ | 代 | oneself | 5 |
| 棕 | zōng | 形 | brown | 1 |
| 总之 | zǒngzhī | 连 | in short | 1 |
| 走不动 | zǒu bu dòng | | can not take another step (because of tiredness or weakness) | 7 |
| 最好 | zuìhǎo | 副 | it would be best, had better | 6 |
| 作息 | zuòxī | 动 | to work and rest | 3 |

## 专有名词　Proper Nouns

### B

| | | | |
|---|---|---|---|
| 白马寺 | Báimǎ Sì | White Horse Temple | 10 |

### C

| | | | |
|---|---|---|---|
| 朝阳区 | Cháoyáng Qū | Chaoyang District (of Beijing) | 4 |

### D

| | | | |
|---|---|---|---|
| 大雁塔 | Dàyàn Tǎ | Great Wild Goose Pagoda | 10 |

### G

| | | | |
|---|---|---|---|
| 故宫 | Gùgōng | the Imperial Palace | 2 |

### H

| | | | |
|---|---|---|---|
| 海淀区 | Hǎidiàn Qū | Haidian District (of Beijing) | 4 |

### L

| | | | |
|---|---|---|---|
| 龙门石窟 | Lóngmén Shíkū | Longmen Grottoes | 10 |
| 洛阳 | Luòyáng | Luoyang, a city in Henan Province | 10 |

## N

| | | | |
|---|---|---|---|
| 南京 | Nánjīng | Nanjing, capital of Jiangsu Province | 10 |

## S

| | | | |
|---|---|---|---|
| 少林寺 | Shàolín Sì | Shaolin Temple | 10 |

## W

| | | | |
|---|---|---|---|
| 王府井 | Wángfǔjǐng | Wangfujing, a central shopping avenue in Beijing | 6 |

## X

| | | | |
|---|---|---|---|
| 西单 | Xīdān | Xidan, a well-known shopping district in Beijing | 6 |
| 西湖 | Xī Hú | West Lake | 10 |
| 香山 | Xiāng Shān | Fragrant Hills | 7 |
| 新园小区 | Xīnyuán Xiǎoqū | Xinyuan, a community | 4 |
| 学院路 | Xuéyuàn Lù | Xueyuan Road (of Beijing) | 4 |

## Y

| | | | |
|---|---|---|---|
| 雅秀 | Yǎxiù | Yaxiu, a well-known clothing market in Beijing | 6 |

## Z

| | | | |
|---|---|---|---|
| 中关村 | Zhōngguāncūn | Zhongguancun, a high-tech area in Haidian District, Beijing | 6 |

# 录音文本及答案
## Listening Scripts and Answers

## 第一单元　谈人物特征

### 三、任务及活动

（二）分步任务活动

2. 他是谁

① 他50岁左右，个子不高，头发很短，身材有点儿胖，不过他总是笑口常开。
② 她有一头漂亮的金色长发，眼睛大大的。她个子不高，可是身材很苗条。
③ 她有一米八，身材特别好，有一头漂亮的黑黑的卷发。
④ 他个子很高，身材非常好，有漂亮的小胡须，让人觉得他非常英俊。
⑤ 她看上去非常年轻，有一头黑色短发，身材很苗条，看起来文文静静的。

答案　　④ ① ③ ② ⑤

## 第二单元　谈家乡

### 二、生词总动员

1. 你听到了什么

① 城市　② 商业中心　③ 郊区　④ 大厦　⑤ 胡同　⑥ 农村　⑦ 小镇　⑧ 寺庙

答案　　① ④ ⑥ ② ③ ⑧ ⑤ ⑦

# 第十单元 谈旅行计划

## 二、生词总动员

### 2. 听要求，选线路

这个暑假大龙、艾娜、美善都想出去旅行。大龙对中国历史很感兴趣，所以他想游览历史名城。艾娜喜欢风景优美的地方。美善想去现代化大都市看看。他们的具体要求你听懂了吗？请帮他们推荐一下适合他们的旅行线路吧。

**答案**

| 旅行线路 | 适合谁 |
|---|---|
| 北京——上海 | 美善 |
| 洛阳——西安——南京 | 大龙 |
| 杭州——云南 | 艾娜 |

## 三、任务及活动

### （二）分步任务活动

### 2. 介绍行程

这次旅行的线路是上海、杭州两地7日游。具体行程是：7月1号中午从北京出发，坐飞机到上海；7月2号~4号，上海游览；7月5号早上坐火车去杭州；7月5号~6号，杭州游览；7月7号中午，飞机回北京。

**答案**

这次旅行从7月1号到7月7号，一共7天。旅行线路是上海、杭州两地7日游。这条线路的具体行程是：7月1号从北京出发，坐飞机到上海，在上海玩儿三天。然后坐火车去杭州，在杭州游览两天，7月7号中午坐飞机回北京。

# 全书部分名人简介
## Brief Introduction to Some Celebrities in This Book

### 第一单元

1. 成龙：中国香港著名男演员，代表作品：《警察故事》
   Jackie Chan: a famous actor of Hong Kong, China; his representative work: *Police Story*

2. 憨豆先生：英国著名电视喜剧 *Mr. Bean* 中的主人公
   Mr. Bean: the protagonist in *Mr. Bean*, a famous British comedy TV series

3. 席琳·迪翁：加拿大著名女歌手
   Celine Dion: a famous Canadian singer

4. 齐达内：法国著名足球运动员
   Zinedine Yazid Zidane: a famous French football player

5. 威廉王子、王妃：英国王室成员
   Princess William and Princess Kate: members of the British Royal Family

6. 威尔·史密斯：美国著名男演员，代表作品：《独立日》
   Will Smith: a famous American actor; his representative work: *Independence Day*

7. 曾志伟：中国香港著名男演员，代表作品：《无间道》
   Eric Tsang Chi-Wai: a famous actor of Hong Kong, China; his representative work: *Internal Affairs*

8. 于文霞：2012年世界小姐总冠军
   Yu Wenxia: the Winner of Miss World 2012

9. 布兰妮·斯皮尔斯：美国著名女歌手
   Britney Spears: a famous American singer

10. 孙俪：中国著名女演员，代表作品：电视剧《甄嬛传》
    Sun Li: a famous Chinese actress; her representative work: the TV play *The Legend of Zhen Huan*

11. 徐熙娣（小S）：中国台湾著名女主持人，代表节目：《康熙来了》
    Dee Hsu (commonly known as Little S, 小S): a famous hostess of Taiwan, China; her representative program: *Kangxi Lai Le*

12. 吕燕：中国著名女模特
    Lu Yan: a famous Chinese model

13. 比尔·盖茨：美国微软公司创始人之一
    Bill Gates: one of the founders of Microsoft, America

14. 章子怡：中国著名女演员，代表作品：《卧虎藏龙》
    Zhang Ziyi: a famous Chinese actress; her representative work: *Crouching Tiger, Hidden Dragon*

# Brief Introduction to Some Celebrities in This Book

 第二单元

15. 姚明：中国著名篮球运动员，曾效力于美国NBA休斯敦火箭队
    Yao Ming: a famous Chinese basketball player who once played for the Houston Rockets of America's NBA

 第六单元

16. 迈克尔·杰克逊：美国著名男歌手，被誉为流行音乐之王
    Michael Jackson: a famous American singer recognized as the "King of Pop"

 第八单元

17. 菲尔普斯：美国著名游泳运动员
    Michael Phelps: a famous American swimmer

18. 贝利：巴西著名足球运动员
    Pele: a famous Brazilian football player